가장 알기 쉽게 배우는
바로바로 프랑스어 독학 단어장

저 자   김정란
발행인   고본화
발 행   탑메이드북
교재 제작·공급처   반석출판사
2024년 9월 10일 초판 3쇄 인쇄
2024년 9월 15일 초판 3쇄 발행
반석출판사 | www.bansok.co.kr
이메일 | bansok@bansok.co.kr
블로그 | blog.naver.com/bansokbooks

07547 서울시 강서구 양천로 583. B동 1007호
(서울시 강서구 염창동 240-21번지 우림블루나인 비즈니스센터 B동 1007호)
대표전화 02) 2093-3399   팩 스 02) 2093-3393
출 판 부 02) 2093-3395   영업부 02) 2093-3396
등록번호 제315-2008-000033호

Copyright ⓒ 김정란

ISBN 978-89-7172-868-0 (13760)

- 본 책은 반석출판사에서 제작, 배포하고 있습니다.
- 교재 관련 문의 : bansok@bansok.co.kr 을 이용해 주시기 바랍니다.
- 이 책에 게재된 내용의 일부 또는 전체를 무단으로 복제 및 발췌하는 것을 금합니다.
- 파본 및 잘못된 제품은 구입처에서 교환해 드립니다.

탑메이드북

머리말

워킹홀리데이를 통해 일하면서 프랑스의 실제 삶을 알아보려는 젊은이, 하나뿐인 나의 인생을 즐기며, 또 다른 생활방식을 찾아보려는 욜로 YOLO족, 더 늦기 전에 외국어를 하나 배워보고 싶은 어머니, 아버지, 학교의 교환학생 프로그램으로 프랑스의 대학 문화를 접해보려는 학생, 예전부터 배우고 싶었으나 기회를 잡지 못했던 프랑스와 프랑스 문화를 사랑하는 분, 프랑스어 능력인증 시험을 준비하는 수험생, 업무상 프랑스어가 필요한 분…… 각기 이유는 다르지만 프랑스어를 배우려는 의지를 가진 분들은 여전히 존재한다. 물론 그 수가 예전에 비해 현저히 줄어든 것은 사실이지만, 그 열정이 그만 못하다고 할 수는 없다.

새로운 언어에 대한 관심과 열정에도 불구하고, 외국어를 능숙하게 구사하려면 꾸준한 노력과 시간 투자가 절대적으로 필요하다. 그래서 많은 사람들이 시작은 하지만 중도에서 쉽게 포기한다.

그러나 간단한 의사소통은 의외로 쉽게 이루어질 수 있다. 바디랭귀지만으로도 원하는 바를 이룰 수 있기 때문이다. 이때, 주저없이 다가가는 용기와 함께 필요한 것이 단어. 그 상황에 맞는 몇 단어로도 문제를 해결할 수 있다. 그래서 본 단어장은 프랑스어 초보들이 쉽게 프랑스 여행과 실생활에서 활용할 수 있는 필수불가결한 지침서가 될 것이다.

한편, 정확한 의사전달을 위해 무엇보다 중요한 것이 발음이다. 표음문자인 한글의 위대함으로 거의 모든 단어의 독음을 기록할 수 있지만 몇 가지 한계가 있다. 예를 들어 r의 발음을 한글로 「ㅎ」라 표기하지만 프랑스어의 r는 목젖을 울려서 나는 소리이기 때문에 「ㅎ」보다 뒤에서 발음된다.

또한 분절에 주의해야 하는데, carte의 우리말 독음을 적으면 「꺄흐뜨」 3음절이지만 실제로는 1음절이기 때문에 「꺌ㄸ」라고 적는 것이 맞을 성 싶다. 그러므로 반드시 원어민의 실제발음을 확인하여 단어를 익혀주길 바란다.

프랑스어는 명사가 남성/여성으로 나뉜다. 명사를 수식하는 형용사도 남성단수/여성단수/남성복수/여성복수로 변화해야 한다. 이 책에서 명사는 삽입된 그림에 맞춰 성수를 표시하였고, 형용사는 「content(e) 꽁떵(뜨)」처럼 괄호 속에 여성형을 명시하였다.

더불어 프랑스어는 존댓말과 반말이 존재한다. 반말 활용이 좀 더 간단하긴 하지만, 친밀한 관계가 아닌 이상 경어 사용이 기본이기 때문에 회화부분에서는 대부분 존댓말 문장을 수록하였다.

모쪼록 본 단어장이, 프랑스어에 관심이 있고 필요한 분들, 프랑스어권의 나라들을 여행하고, 그곳에서 공부하고, 일하고, 생활하려는 모든 분들께 실질적인 도움이 되길 희망한다.

저자 김정란

목차

들어가기: 기본 회화 표현 * 10

Part 1 일상생활 단어

Chapter 01. 개인소개 * 22
Unit 01 성별, 노소 * 22
Unit 02 가족 * 23
Unit 03 삶(인생) * 28
Unit 04 직업 * 31
Unit 05 별자리 * 35
Unit 06 혈액형 * 36
Unit 07 탄생석 * 37
Unit 08 성격 * 38
Unit 09 종교 * 42

Chapter 02. 신체 * 44
Unit 01 신체명 * 44
Unit 02 병명 * 49
Unit 03 약명 * 53
Unit 04 생리현상 * 57

Chapter 03. 감정, 행동 표현 * 58
Unit 01 감정 * 58
Unit 02 칭찬 * 61
Unit 03 행동 * 62
Unit 04 인사 * 67
Unit 05 축하 * 69

Chapter 04. 교육 * 70
Unit 01 학교 * 70
Unit 02 학교 시설 * 72
Unit 03 교과목 및 관련 단어 * 74
Unit 04 학용품 * 79

Unit 05 부호 * 82
Unit 06 도형 * 84
Unit 07 숫자 * 86
Unit 08 학과 * 88

Chapter 05. 계절/월/요일 * 90
Unit 01 계절 * 90
Unit 02 요일 * 91
Unit 03 월 * 92
Unit 04 일 * 93
Unit 05 시간 * 96

Chapter 06. 자연과 우주 * 100
Unit 01 날씨 표현 * 100
Unit 02 날씨 관련 * 102
Unit 03 우주 환경과 오염 * 105
Unit 04 동식물 * 108

Chapter 07. 주거 관련 * 120
Unit 01 집의 종류 * 120
Unit 02 집의 부속물 * 122
Unit 03 거실용품 * 124
Unit 04 침실용품 * 126
Unit 05 주방 * 128
Unit 06 주방용품 * 130
Unit 07 욕실용품 * 133

Chapter 08. 음식 * 136
Unit 01 과일 * 136
Unit 02 채소, 뿌리식물 * 139
Unit 03 수산물, 해조류 * 142
Unit 04 육류 * 145
Unit 05 음료수 * 146
Unit 06 기타 식품 및 요리재료 * 148

Unit 07 대표요리 * 150
Unit 08 요리방식 * 155
Unit 09 패스트푸드점 * 157
Unit 10 주류 * 158
Unit 11 맛 표현 * 161

Chapter 09. 쇼핑 * 164
Unit 01 쇼핑 물건 * 164
Unit 02 색상 * 173
Unit 03 구매 표현 * 175

Chapter 10. 도시 * 178
Unit 01 자연물 또는 인공물 * 178
Unit 02 도시 건축물 * 181

Chapter 11. 스포츠, 여가 * 184
Unit 01 운동 * 184
Unit 02 오락, 취미 * 190
Unit 03 악기 * 193
Unit 04 여가 * 195
Unit 05 영화 * 196

Part 2 여행 단어

Chapter 01. 공항에서 * 200
Unit 01 공항 * 200
Unit 02 기내 탑승 * 204
Unit 03 기내 서비스 * 208

Chapter 02. 입국심사 * 210
Unit 01 입국 목적 * 210
Unit 02 거주지 * 212

Chapter 03. 숙소 * 214
Unit 01 예약 * 214
Unit 02 호텔 * 216
Unit 03 숙소 종류 * 218
Unit 04 룸서비스 * 220

Chapter 04. 교통 * 222
Unit 01 탈것 * 222
Unit 02 자동차 명칭 / 자전거 명칭 * 225
Unit 03 교통 표지판 * 228
Unit 04 방향 * 230
Unit 05 거리 풍경 * 232

Chapter 05. 관광 * 234
Unit 01 프랑스 대표 관광지 * 234
Unit 02 볼거리(예술 및 공연) * 238
Unit 03 나라 이름 * 240
Unit 04 세계 도시 * 248

Part 3 비즈니스 단어

Chapter 01. 경제 * 252

Chapter 02. 회사 * 256
Unit 01 직급, 지위 * 256
Unit 02 부서 * 258
Unit 03 근무시설 및 사무용품 * 260
Unit 04 근로 * 263

Chapter 03. 증권, 보험 * 266

Chapter 04. 무역 * 270

Chapter 05. 은행 * 274

컴팩트 단어장

Part 01. 일상생활 단어 * 278
Part 02. 여행 단어 * 314
Part 03. 비즈니스 단어 * 322

이 책의 특징

모든 언어 공부의 기본은 단어입니다. 말을 하고 글을 읽을 수 있으려면 단어를 알아야 하지요. 이 책은 일상생활, 여행, 비즈니스 등 주제별로 단어가 분류되어 있어 자신이 필요한 부분의 단어를 쉽게 찾아 공부할 수 있습니다.

또한 단순히 단어를 나열하기만 한 것이 아니라, 단어 옆에 이미지들을 함께 배치해 단어 공부를 더 효과적이고 즐겁게 할 수 있도록 구성하였고, 단어를 활용해 실생활에서 사용할 수 있는 대화 표현들도 함께 수록하였습니다.

초보자도 쉽게 따라 읽으며 학습할 수 있도록 프랑스어 발음을 원음에 가깝게 한글로 표기하였고, 원어민의 정확한 발음이 실린 mp3 파일을 반석출판사 홈페이지(www.bansok.co.kr)에서 무료로 제공합니다. 이 음원은 한국어 뜻도 함께 녹음되어 있어 음원을 들으며 단어 공부하기에 아주 좋습니다.

들어가기: 기본 회화 표현
단어를 공부하기 전에 실생활에서 자주 사용되는 짧은 문장들을 짚고 넘어갑니다.

Part 1 일상생활 단어
성별, 가족관계, 직업 등 개인의 신상에 대한 표현부터 의식주, 여가 활동 등에 대한 표현까지 우리가 일상생활에서 흔히 쓰는 단어들을 정리하였습니다.

Part 2 여행 단어
여행의 순서에 따라 단계별로 단어를 정리하였으며 프랑스의 대표적인 관광지도 함께 실었습니다.

Part 3 비즈니스 단어
경제, 증권 등 비즈니스 분야의 전문 용어들을 수록하였습니다.

컴팩트 단어장
본문의 단어들을 우리말 뜻, 프랑스어, 한글 발음만 표기하여 한 번 더 실었습니다. 그림과 함께 익힌 단어들을 50쪽 분량의 컴팩트 단어장으로 복습해 보세요.

이 책의 활용 방법

1. 주제별로 단어를 분류하였으며 프랑스어 단어를 이미지와 함께 효과적이고 재미있게 공부할 수 있도록 꾸몄습니다.

2. 원음에 가까운 프랑스어 발음을 병기하여 초보자들도 좀 더 가볍게 접근할 수 있도록 구성하였습니다.

3. 한국어 뜻과 프랑스어 단어가 모두 녹음된 mp3 파일이 제공됩니다. mp3 파일에는 본문 단어와 관련단어가 녹음되어 있습니다.

4. 프랑스어 단어의 성(性)은 각 단어 앞에 남성은 m, 여성은 f로 표시했습니다.

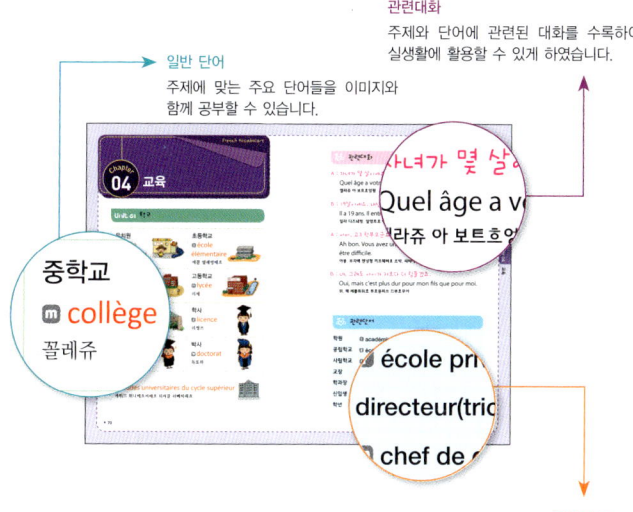

일반 단어
주제에 맞는 주요 단어들을 이미지와 함께 공부할 수 있습니다.

관련대화
주제와 단어에 관련된 대화를 수록하여 실생활에 활용할 수 있게 하였습니다.

관련단어
위에서 다루지 못한 단어들을 정리하여 추가로 수록하였습니다.

들어가기 01 — 일상적인 만남의 인사

안녕하세요!	**Bonjour** 봉주흐
잘 있었니. (친한 사람끼리)	**Salut !** 쌀뤼
휴일 잘 보내셨어요?	**Avez-vous passé de bonnes vacances?** 아베부빠세 드본바깡쓰
날씨 참 좋죠?	**Il fait beau, n'est-ce pas ?** 일패보, 네쓰빠
아니 이게 누구세요!	**Regardez qui est là!** 흐갸흐데 끼에라
세상 정말 좁군요.	**Que le monde est petit!** 끄르몽드 에쁘띠
여기에 어쩐 일로 오셨어요?	**Quel bon vent vous amène ici?** 껠봉벙 부자멘 이씨
우리 전에 만난 적 있지 않나요?	**On s'est vus avant, non?** 옹쎄뷔 아벙, 농
어떻게 지내세요?	**Comment allez-vous?** 꼬멍딸레부
안녕, 어떻게 지내니?	**Salut, comment vas-tu?** 쌀뤼 꼬멍바뛰

기본 회화 표현

별일 없으세요?	**Quoi de neuf?** 꾸아드 뇌프
오늘은 좀 어떠세요?	**Comment vous sentez-vous aujourd'hui?** 꼬멍 부썽떼부 오쥬흐뒤
오늘 재미가 어떠세요?	**Comment se passe votre journée?** 꼬멍 쓰빠쓰 보트흐 쥬흐네
어떻게 지내셨어요?	**Comment allez-vous?** 꼬멍 딸레부
오랜만입니다.	**Ça fait longtemps.** 싸패 롱떵
여전하군요.	**Vous n'avez pas du tout changé.** 부나베 빠뒤뚜 셩줴
몇 년 만에 뵙는군요.	**Je ne vous ai pas vu depuis des années.** 쥬느부재빠뷔 드쀠 데자네
세월 참 빠르군요.	**Le temps passe vite.** 르떵 빠쓰 비뜨
보고 싶었어요.	**Vous m'avez manqué.** 부마베 멍께
가족들은 안녕하신지요?	**Comment va votre famille?** 꼬멍 바 보트흐 파미으

02 소개할 때의 인사

처음 뵙겠습니다.	**Enchanté(e)** 엉셩떼
만나서 반갑습니다.	**Heureux(se) de vous rencontrer.** 외홰(즈) 드부 헝꽁트헤
알게 되어 기쁩니다.	**Je suis ravi(e) de vous connaître.** 쥬쉬하비 드부꼬네트흐
만나 뵙게 되어 영광입니다.	**J'ai l'honneur de vous rencontrer.** 좨 로놰흐 드부 헝꽁트헤
제가 오히려 반갑습니다.	**Le plaisir est pour moi.** 르쁠래지흐 에뿌흐무아
제 소개를 할까요?	**Puis-je me présenter?** 쀠쥬 므프헤정떼
제 소개를 하겠습니다.	**Laissez-moi me présenter.** 래쎄무아 므프헤정떼
저는 부모님과 함께 삽니다.	**Je vis avec mes parents.** 쥬비 아벡메빠헝
전 장남입니다.	**Je suis l'aîné.** 쥬쉬 래네
전 맏딸입니다.	**Je suis l'aînée (de la famille).** 쥬쉬 래네(들라 파미으)

기본 회화 표현

전 독신입니다.	**Je suis célibataire.** 쥬쉬 쎌리바때흐
두 분 서로 인사 나누셨어요?	**Vous vous êtes rencontrés avant?** 부부젯 헝꽁트헤 아벙
김 씨, 밀러 씨와 인사 나누세요.	**M. Kim, voici M. Miller.** 므씨외 김, 부아씨 므씨외 밀레
만나서 매우 반가웠습니다.	**J'ai été très heureux de vous rencontrer.** 줴 에떼 트헤죄회 드부헝꽁트헤
전에 한번 뵌 적이 있는 것 같습니다.	**Je pense que je vous ai déjà vu.** 쥬뻥쓰끄 쥬부재 데쟈뷔
고향이 어디십니까?	**D'où êtes-vous?** 두 앳부
말씀 많이 들었습니다.	**J'ai beaucoup entendu parler de vous.** 줴 보꾸 엉떵뒤 빠흘레 드부
만나 뵙고 싶었습니다.	**Je voulais vous voir.** 쥬불래 부부아흐
이건 제 명함입니다.	**Voici ma carte de visite.** 부아씨 마꺄흐뜨 드비지뜨
국적이 어디시죠?	**Quelle est votre nationalité?** 껠레 보트흐 나씨오날리떼

03 헤어질 때의 인사

잘 자요!	**Bonne nuit!** 본 뉘
좋은 꿈 꾸세요!	**Faites de beaux rêves!** 팻 드보해브
안녕히 가세요.	**Au revoir.** 오흐부아흐
다음에 뵙겠습니다.	**À plus tard.** 아쁠뤼따흐
그럼, 이만.	**Salut.** 쌀뤼
그래요. 그럼 그때 뵐게요.	**D'accord. À plus.** 다꼬흐 아쁠뤼쓰
재미있는 시간 보내세요.	**Amusez-vous bien.** 아뮈제부 비앵
안녕히 계세요 (살펴 가세요).	**Prenez soin de vous.** 프허네 수앵드부
재미있게 보내!	**Amuse-toi bien!** 아뮈즈뚜아 비앵
조만간에 한번 만납시다.	**On se reverra bientôt.** 옹 쓰흐베하 비앵또
떠나려고 하니 아쉽습니다.	**Je suis désolé(e) de partir.** 쥬쉬 데졸레 드빠흐띠흐

기본 회화 표현

가봐야 할 것 같네요.	**Je dois y aller maintenant.** 쥬두아 이알레 맹뜨넝
이제 가봐야겠습니다.	**Il faut que je m'en aille.** 일포끄 쥬먼아이으
미안하지만, 제가 좀 급해요.	**Excusez-moi, je suis pressé(e).** 엑쓰뀌제무아 쥬쉬프헤쎄
정말로 식사 잘 했습니다.	**J'ai vraiment apprécié le repas.** 줴 브해멍 아프헤씨에 르흐빠
방문해주셔서 고맙습니다.	**Merci d'être venu.** 멕씨 데트흐 브뉴
오늘 밤 재미있었어요?	**Vous vous êtes bien amusé ce soir?** 부부젯 비앵아뮈제 쓰수아흐
제가 차로 바래다드릴까요?	**Je vous raccompagne en voiture ?** 쥬부 하꽁빠뉴 엉부아뛰흐
가끔 전화 주세요.	**Appelez-moi de temps en temps?** 아쁠레무아 드떵정떵
그에게 안부 전해주세요.	**Dites-lui bonjour de ma part.** 딧뜨뤼 봉쥬흐 드마빠흐

04 고마움을 나타낼 때

감사합니다.	**Je vous remercie. / Merci.** 쥬부흐멕씨 / 멕씨
대단히 감사합니다.	**Merci beaucoup.** 멕씨 보꾸
진심으로 감사드립니다.	**Je vous remercie de tout mon cœur.** 쥬부흐메흐씨 드뚜몽꽤흐
여러모로 감사드립니다.	**Merci pour tout.** 멕씨 뿌흐뚜
어떻게 감사를 드려야 할지 모르겠어요.	**Comment puis-je vous remercier?** 꼬멍 쀠쥬 부흐메흐씨에
어쨌든 감사합니다.	**Merci quand même.** 멕씨 껑맴
큰 도움이 되었어요.	**Vous m'avez beaucoup aidé.** 부마베 보꾸빼데
정말 감사드립니다.	**J'apprécie beaucoup.** 쟈프헤씨 보꾸
동반해주셔서 즐겁습니다.	**Merci pour votre compagnie.** 멕씨 뿌흐보트흐 꽁빠니
자, 선물 받으세요.	**Tenez, j'ai quelque chose pour vous.** 뜨네, 줴껠끄쇼즈 뿌흐부

기본 회화 표현

당신에게 줄 조그만 선물입니다.	**J'ai un petit cadeau pour vous.** 줴 앵쁘띠까도 뿌흐부
당신께 신세를 많이 졌어요.	**Je vous le dois tellement.** 쥬부르두아 뗄르멍
제가 갖고 싶었던 거예요.	**C'est exactement ce que je voulais.** 쎄떼그작뜨멍 쓰끄쥬블래
정말 사려 깊으시군요.	**Vous êtes vraiment attentif.** 부젯 브해멍 아떵띠프
천만에요.	**Je vous en prie.** 쥬부정프히
원 별말씀을요.	**De rien.** 드히앵
그렇게 말씀해 주시니 고맙습니다.	**C'est très gentil de le dire.** 쎄 트해정띠 드를디흐
제가 오히려 즐거웠습니다.	**Le plaisir est pour moi.** 르쁠래지흐 에뿌흐무아
대단한 일도 아닙니다.	**Ce n'est pas grand chose.** 쓰네빠 그헝쇼즈
저한테 감사할 것 없어요.	**Ce n'est pas la peine de me remercier.** 쓰네빠라뺀 드므흐메흐씨에

05 사죄 · 사과를 할 때

실례합니다(미안합니다).	**Excusez-moi.** 엑쓰뀌제무아
내 잘못이었어요.	**C'était de ma faute.** 쌔떼 드마포뜨
미안합니다.	**Je suis désolé.** 쥬쉬 데졸레
정말 죄송합니다.	**Je suis vraiment désolé.** 쥬쉬 브해멍 데졸레
당신에게 사과드립니다.	**Je vous demande pardon.** 쥬부 드멍드 빠흐동
여러 가지로 죄송합니다.	**Je suis désolé pour tout.** 쥬쉬 데졸레 뿌흐뚜
늦어서 미안합니다.	**Je suis désolé d'être en retard.** 쥬쉬 데졸레 데트흐 엉흐따흐
그 일에 대해서 미안하게 생각하고 있습니다.	**J'en suis désolé.** 졍쉬 데졸레
얼마나 죄송한지 몰라요.	**Je ne peux pas vous dire combien je suis désolé.** 쥬느쁘빠 부디흐 꽁비앵 쥬쉬데졸레
한번 봐주십시오.	**Pardonnez-moi.** 빠흐돈네 무아

기본 회화 표현

기분을 상하게 해드리지는 않았는지 모르겠네요.	**J'espère que je ne vous ai pas offensé.** 줴쓰뻬흐끄 쥬느부재빠 오펑쎄
폐를 끼쳐서 죄송합니다.	**Je suis désolé de vous déranger.** 쥬쉬 데졸레 드부 데헝줴
실수에 대해 사과드립니다.	**Je m'excuse pour l'erreur.** 쥬 맥쓰뀌즈 뿌흐레해흐
미안해요, 어쩔 수 없었어요.	**Désolé. Je ne pouvais pas faire autrement.** 데졸레. 쥬느뿌배빠 패흐 오트흐멍
고의가 아닙니다.	**Je ne l'ai pas fait exprès.** 쥬느래빠패 엑쓰프해
용서해주십시오.	**S'il vous plaît, pardonnez-moi.** 씰부플래, 빠흐돈네무아
저의 사과를 받아주세요.	**Veuillez accepter mes excuses.** 뵈이에 악쎕떼 메젝쓰뀌즈
다시는 그런 일 없을 겁니다.	**Cela ne se reproduira plus.** 쓸라 느쓰 흐프호뒤하 쁠뤼
괜찮습니다.	**Ce n'est rien.** 쓰네히앵
까짓것 문제될 것 없습니다.	**Pas de problème.** 빠드프호블램

Part 1
일상생활 단어

Chapter 01. 개인소개
Chapter 02. 신체
Chapter 03. 감정, 행동 표현
Chapter 04. 교육
Chapter 05. 계절/월/요일
Chapter 06. 자연과 우주
Chapter 07. 주거 관련
Chapter 08. 음식
Chapter 09. 쇼핑
Chapter 10. 도시
Chapter 11. 스포츠, 여가

Chapter 01 개인소개

Unit 01 성별, 노소

여자 🅕 femme 팜	남자 🅜 homme 옴 	노인 🅕 personne âgée 뻬흐쏜아줴
중년 🅜 âge moyen 아쥬무아앵	소년 🅜 garçon  갸흐쏭	소녀 🅕 fille  피으
청소년 adolescent(e)  아돌레썽(뜨)	임산부 🅕 femme enceinte  팜엉쌩뜨	
어린이 🅜 enfant  엉펑	미취학아동 🅜 enfants d'âge préscolaire  엉펑 다쥬 프헤스꼴래흐	
아기 🅜 bébé  베베		

Unit 02 가족

친가(famille paternelle) 파미으 빠떼흐넬

친할아버지
m grand-père paternel
그헝빼흐 빠떼흐넬

친할머니
f grand-mère paternelle
그헝매흐 빠떼흐넬

고모
f tante
떵뜨

고모부
m oncle
옹끌

삼촌
m oncle
옹끌

숙모
f tante
떵뜨

아버지(아빠)
m père(papa)
빼흐(빠빠)

어머니(엄마)
f mère(maman)
매흐(마멍)

사촌남자형제
m cousin
꾸쟁

사촌여자형제
f cousine
꾸진

나
moi
무아

외가(famille maternelle) 파미으 마떼흐넬

외할아버지
m grand-père maternel
그헝빼흐 마떼흐넬

외할머니
f grand-mère maternelle
그헝매흐 마떼흐넬

외삼촌
m oncle
옹끌

외숙모
f tante
떵뜨

이모
f tante
떵뜨

이모부
m oncle
옹끌

어머니(엄마)
f mère(maman)
매흐(마멍)

아버지(아빠)
m père(papa)
빼흐(빠빠)

외사촌 남자형제
m cousin(du côté maternel)
꾸쟁(뒤 꼬떼 마떼흐넬)

외사촌 여자형제
f cousine(du côté maternel)
꾸진(뒤 꼬떼 마떼흐넬)

가족

아버지(아빠)
m père(papa)
빼흐(빠빠)

어머니(엄마)
f mère(maman)
매흐(마멍)

언니/누나 **f (grande-) sœur** (그헝드) 쐐흐		형부/매형(매부) **m beau-frère** 보프해흐	
오빠/형 **m (grand-) frère** (그헝) 프해흐		새언니/형수 **f belle-sœur** 벨쐐흐	
남동생 **m (petit-)frère** (쁘띠)프해흐		제수/올케 **f belle-sœur** 벨쐐흐	
여동생 **f (petite-)sœur** (쁘띠뜨)쐐흐		제부/매제 **m beau-frère** 보프해흐	
부인 **f femme** 팜		남편 **m mari** 마히	
여자조카 **f nièce** 니에쓰		남자조카 **m neveu** 느뵈	
아들 **m fils** 피쓰		며느리 **f bru/belle-fille** 브휘/벨피으	

딸 **f** fille 피으		사위 **m** gendre/beau-fils 정드흐/보피쓰	
손자 **m** petit-fils 쁘띠피쓰		손녀 **f** petite-fille 쁘띠뜨피으	

관련대화

A : 가족이 몇 명이에요?

Combien de personnes y a-t-il dans votre famille?
꽁비앵드뻬흐쏜 이아띨 덩보트흐파미으

B : 저의 가족은 다섯 명이에요.

Il y en a cinq dans ma famille.
일리언아 쌩끄 덩마파미으

A : 가족이 많군요. 형제자매는 많으면 많을수록 좋은 거 같아요.

Vous avez une grande famille. C'est mieux d'avoir plus de frères et de sœurs. Qu'est-ce que vous en pensez?
부자베 윈그헝드파미으. 쎄미외 다부아흐 쁠뤼드프해흐 에드쐐흐. 께쓰끄 부정뻥쎄

B : 네 맞아요. 저도 그렇게 생각해요.

Oui. Je le pense aussi.
위, 쥬르뻥쓰 오씨

관련단어

한국어	프랑스어	발음
외동딸	f fille unique	피으 위닉
외동아들	m fils unique	피쓰 위닉
결혼하다	se marier	쓰 마히에
이혼하다	divorcer	디보흐쎄
신부	f jeune mariée	좬마히에
신랑	m jeune marié	좬마히에
면사포	m voile	부알르
약혼	f fiançailles	피엉싸이으
독신주의자	célibataire par principe	쎌리바때흐 빠흐프행씹
과부	f veuve	배브
기념일	m anniversaire	아니베흐쌔흐
친척	parent	빠헝

Unit 03 삶(인생)

태어나다 naître 내트흐	백일 **m** cent jours 썽쥬흐 
돌잔치 **f** première fête d'anniversaire 프흐미에흐 팻뜨 다니배흐쌔흐 	유년시절 **f** enfance 엉펑쓰 
학창시절 **f** période de sa scolarité 뻬히오드 드 싸 쓰꼴라히떼 	첫눈에 반하다 avoir le coup de foudre 아부아흐 르꾸드푸드흐 
삼각관계 **m** ménage à trois 매나쥬 아트후아 	이상형 homme idéal/ femme idéale 옴이데알/팜이데알 
사귀다 sympathiser avec ~ 썽빠띠제 아벡~ 	애인 amant/ maîtresse 아멍/매트헤쓰 
여자친구 **f** petite amie 쁘띠따미	남자친구 **m** petit ami 쁘띠따미 

이별 **f** séparation 쎄빠하씨옹 	**재회** **f** retrouvailles 흐트후바이으 
청혼 **f** demande en mariage 드멍드 엉마히아쥬 	**약혼하다** se fiancer 쓰피엉쎄 
결혼 **m** mariage 마히아쥬 	**신혼여행** **f** lune de miel 륀드미엘 
임신 **f** grossesse 그호쎄쓰 	**출산** **m** accouchement 아꾸슈멍 
득남 **f** naissance d'un garçon 내썽쓰 댕갸흐쏭 	**득녀** **f** naissance d'une fille 내썽쓰 뒨피으 
육아 **f** puériculture 쀠에히뀔뛰흐 	**학부모** **m** parents d'élèves 빠헝 델레브 
유언 **m** testament 떼쓰따멍 	**사망** **f** mort 모흐 

장례식	천국에 가다
funérailles 	monter au ciel
퓌네하이으	몽떼 오씨엘

관련대화

A : 마르땡 씨는 살면서 언제가 제일 행복했나요?

Martin, quand était le moment le plus heureux de votre vie?

마흐땡, 껑에때 르모멍 르쁠뤼해회 드보트흐비

B : 어렸을 때 바닷가 근처에 살았는데 그때가 가장 행복했어요.

Quand j'étais petit, je vivais près de la mer. C'était le moment le plus heureux de ma vie.

껑좨때 쁘띠, 쥬비배 프해들라매흐. 쎄때 르모멍 르쁠뤼해회 드마비

관련단어

어린 시절	enfance	엉펑쓰
미망인	veuve	봬브
홀아비	veuf	봬프
젊은	jeune	좬
늙은	vieux/vieille	비외/비에이으

Unit 04 직업

간호사 **infirmière** 앵피흐미에흐 	약사 **pharmacien** 파흐마씨앵 
의사 **médecin** 맫쌩 	가이드 **guide** 기드 
선생님/교사 **professeur/ enseignante** 프호페쐐흐/엉쌔녕뜨 	교수 **professeur** 프호페쐐흐 
가수 **chanteuse** 셩뙤즈 	음악가 **musicien** 뮈지씨앵 
화가 **peintre** 뺑트흐 	소방관 **pompier** 뽕삐에 
경찰관 **agent de police** 아졍드뽈리쓰 	공무원 **fonctionnaire** 퐁씨오내흐 
요리사 **cuisinier** 뀌지니에 	디자이너 **dessinatrice** 데씨나트히쓰 

| 승무원
hôtesse de l'air
오떼쓰 들래흐  | 판사
juge
쥐쥬  |

| 검사
procureur
프호뀌홰흐  | 변호사
avocat
아보까  |

| 사업가
homme d'affaires
옴다패흐  | 회사원
employée de bureau
엉쁠루아예 드뷔호 |

| 학생
étudiante
에뛰디엉뜨  | 운전기사
chauffeur
쇼홰흐  | 남자농부/여자농부
agriculteur/
agricultrice
아그히뀔떼흐/
아그히뀔트히쓰 |

| 가정주부
femme au foyer
팜오푸아예  | 작가
écrivain
에크히뱅  | 정치가
politicien
뽈리띠시앵 |

| 세일즈맨
vendeuse
벙돼즈  | 미용사
coiffeuse
꾸아홰즈  |

| 군인
militaire
밀리때흐  | 은행원
employée de banque
엉쁠루아예 드벙끄  |

엔지니어 ingénieur 앵쫴니왜흐 	통역원 interprète 앵떼흐프헷뜨 	
비서 secrétaire 스크헤때흐 	회계사 comptable 꽁따블 	
이발사 barbier 바흐비에 	배관공 plombier 쁠롱비에 	수의사 vétérinaire 베떼히내흐 
건축가 architecte 아흐쉬땍뜨 	편집자 rédactrice 헤닥트히쓰 	성직자 prêtre 프헤트흐 
심리상담사 psychologue 프씨꼴로그 	형사 inspecteur de police 앵스뻭떼흐 드뽈리쓰 	
방송국 PD producteur 프호듹떼흐 	카메라맨 cadreur 까드해흐 	
예술가 artiste 아흐띠스뜨	영화감독 cinéaste/ réalisateur 씨네아쓰트/헤알리자뙈흐	

영화배우 acteur 악떼흐		운동선수 athlète 아뜰렛뜨	
목수 charpentier 샤흐빵띠에		프리랜서 free-lance 프히랜쓰	

관련대화

A : 당신의 직업은 무엇입니까?

Quelle est votre profession?
껠레 보트흐 프호페씨옹

B : 저는 작가입니다

Je suis écrivain.
쥬쉬 에크히뱅

A : 어느 분야의 글을 쓰세요?

Qu'est-ce que vous écrivez?
께쓰끄 부제크히베

B : 주로 어린이 동화책을 쓰고 있어요.

En général, j'écris un livre de contes pour les enfants.
엉줴네할, 제크히 앵리브흐 드꽁뜨 뿌흐레정펑

Unit 05 별자리

양자리 ⓜ Bélier 벨리에	황소자리 ⓜ Taureau 또호	쌍둥이자리 ⓜ Gémeaux 제모
게자리 ⓜ Cancer 껑쎄흐	사자자리 ⓜ Lion 리옹	처녀자리 ⓜ Vierge 비에흐쥬
천칭자리 ⓜ Balance 발렁쓰	전갈자리 ⓜ Scorpion 스꼬흐삐옹	사수자리 ⓜ Sagittaire 사쥐때흐
염소자리 ⓜ Capricorne 까프히꼬흔	물병자리 ⓜ Verseau 베흐쏘	물고기자리 ⓜ Poisson 뿌아쏭

관련대화

A : 별자리가 어떻게 되세요.

Quel est votre signe du zodiaque ?
껠레 보트흐씨뉴 뒤조디악

B : 제 별자리는 처녀자리입니다.

Je suis une Vierge.
쥬쉬 윈비에흐쥬

Unit 06 혈액형

A형	B형	O형	AB형
type A	type B	type O	type AB
띱 아	띱 베	띱 오	띱 아베

관련대화

A : 당신의 혈액형이 뭐예요?

Quel est votre groupe sanguin?
껠레 보트흐그룹쌍갱

B : 저는 O형입니다.

Je suis du type O.
쥬쉬 뒤띱 오

관련단어

피	m sang	쌍
헌혈	m don de sang	동 드 쌍
혈소판	f plaquettes sanguines	쁠라껫뜨 쌍긴
혈관	m vaisseau sanguin	배쏘 쌍갱
적혈구	m globule rouge	글로뷜 후쥬

Unit 07 탄생석

석류석 grenet 그흐네	자수정 améthyste 아메띠스뜨	아쿠아마린 aigue-marine 애그마힌
다이아몬드 diamant 디아멍	에메랄드 émeraude 에므호드	진주 perle 뻬흘르
루비 rubis 휘비	페리도트 péridot 뻬히도	사파이어 saphir 사피흐
오팔 opale 오빨	토파즈 topaze 또빠즈	터키석 turquoise 뛰흐꾸아즈

관련대화

A : 탄생석이 뭐예요?

Quelle est votre pierre de naissance?
껠레 보트흐 삐에흐 드내썽쓰

B : 제 탄생석은 사파이어입니다.

Je suis du saphir.
쥬쉬 뒤사피흐

Unit 08 성격

명랑하다
être gai(e)
애트흐 개

상냥하다
être sympathique
애트흐 쌩빠띡

친절하다
être gentil(le)
애트흐 졍띠(으)

당당하다
être fier(fière)
애트흐 피에흐

야무지다
être déterminé(e)
애트흐 데떼흐미네

고상하다
être élégant(e)
애트흐 엘레겅(뜨)

통이 크다
être généreux(se)
애트흐 줴네회(즈)

눈치가 빠르다
avoir le nez creux
아부아흐 르 네 크회

솔직하다
être honnête
애트흐 오냇뜨

적극적이다
être actif(ve)
애트흐 악띠프(브)

사교적이다
être sociable
애트흐 쏘씨아블

꼼꼼하다
être méticuleux(se)
애트흐 메띠뀔뢰(즈)

덜렁거리다
être distrait(e)
애트흐 디스트해(뜨)

겁쟁이다
être peureux(se)
애트흐 쀠회(즈)

보수적이다 être conservateur(trice) 애트흐 꽁쎄흐바떼흐(트히쓰)	개방적이다 être ouvert(e) 애트흐 우베흐(뜨) 
뻔뻔하다 ne rougir de rien 느후쥐흐 드히앵 	심술궂다 être méchant(e) 애트흐 메셩(뜨) 
긍정적이다 être positif(ve) 애트흐 뽀지띠프(브) 	부정적이다 être négatif(ve) 애트흐 네가띠프(브) 
다혈질이다 avoir le sang chaud 아부아흐 르썽쇼 	냉정하다 être calme 애트흐 꺌므 
허풍쟁이다 être prétentieux(se) 애트흐 프헤떵씨외(즈) 	소심하다 être timide 애트흐 띠미드 
소극적이다 être passif(ve) 애트흐 빠씨프(브) 	자애롭다 être affectueux(se) 애트흐 아펙뛰외(즈) 
겸손하다 être modeste 애트흐 모데스뜨 	진실되다 être sincère 애트흐 쌩쎄흐 

동정심이 많다 avoir de la compassion 아부아흐 들라꽁빠씨옹 	인정이 많다 avoir bon cœur 아부아흐 봉꽤흐 
버릇이 없다 être grossier(ère) 애트흐 그호씨에(흐) 	잔인하다 être cruel(le) 애트흐 크휘엘 
거만하다 être arrogant(e) 애트흐 아호겅(뜨) 	유치하다 être infantile 애트흐 앵펑띨 
내성적이다 être introverti 애트흐 앵트호베흐띠 	외향적이다 être extraverti 애트흐 엑스트하배흐띠 

관련대화

A : 성격이 어떠세요?

Quel est votre caractère?
껠레 보트흐 꺄학때흐

B : 제 성격은 명랑해요.

Je suis gai(e).
쥬쉬 개

관련단어

한국어	프랑스어	발음
성향	m penchant	뻥셩
기질	m tempérament	떵뻬하멍
울화통	f crise de colère	크히즈 드꼴래흐
성격	m caractère	꺄학때흐
인격	f personnalité	뻬흐쏜날리떼
태도	f attitude	아띠뛰드
관계	f relation	흘라씨옹
말투	m ton	똥
표준어	f langue standard	렁그 스떵다흐
사투리	m dialecte	디알렉뜨

입장 바꿔 생각하다
Se mettre à la place des autres
쓰메트흐 알라쁠라스 데조트흐

Unit 09 종교

천주교 m catholicisme 까똘리씨슴 	기독교 m christianisme 크히스티아니슴 
불교 m bouddhisme 부디슴 	이슬람교 m islamisme 이슬라미슴 
유대교 m judaïsme 쥐다이슴 	무신론 m athéisme 아떼이슴 

관련대화

A : 종교가 어떻게 되세요?

Quelle est votre religion ?
껠레 보트흐 흘리쥐옹

B : 저는 천주교 신자예요.

Je suis catholique.
쥬쉬 까똘릭

A : 그래요. 저랑 같네요.

Ah bon, moi aussi.
아봉, 무아오씨

관련단어

한국어	프랑스어	발음
대성당	f cathédrale	까떼드할
교회	f église	에글리즈
절	m temple	떵쁠
성서/성경	f bible	비블
경전	m livre sacré	리브흐 사크헤
윤회	f rotation	호따씨옹
전생	f vie antérieure	비 엉떼히왜흐
성모마리아	Vierge Marie/Notre Dame	비에흐쥬 마히/노트흐담
예수	Jésus	줴쥐
불상	f statue du Bouddha	스따뛰 뒤부다
부처	Bouddha	부다
종교	f religion	흘리쥐옹
신부	m prêtre	프해트흐
수녀	f religieuse	흘리쥐외즈
승려	m moine	무안
목사	m pasteur	빠쓰뙈흐

Chapter 02 신체

Unit 01 신체명

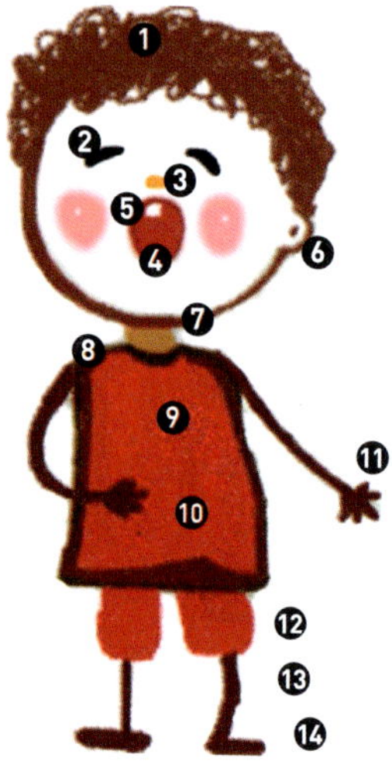

① 머리 **f** tête 땟뜨	② 눈 **m** œil/ yeux 외이으/이외	③ 코 **m** nez 네
④ 입 **f** bouche 부슈	⑤ 이 **m** dent 덩	⑥ 귀 **f** oreille 오해이으
⑦ 목 **m** cou 꾸	⑧ 어깨 **f** épaule 에뿔	⑨ 가슴 **f** poitrine 뿌아트힌
⑩ 배 **m** ventre 벙트흐	⑪ 손 **f** main 맹	⑫ 다리 **f** jambe 졍브
⑬ 무릎 **m** genou 쥬누	⑭ 발 **m** pied 삐에	

① 등 m dos 도	② 머리카락 m cheveu(x) 슈뵈
③ 팔 m bras 브하	④ 허리 f taille / m reins 따이으/행
⑤ 엉덩이 f hanche 엉슈	⑥ 발목 f cheville 슈비으

① (턱)수염 f barbe 바흐브	② 구레나룻 f moustache 무스따슈
③ 눈꺼풀 f paupière 뽀삐애흐	④ 콧구멍 f narines 나힌
⑤ 턱 m menton 멍똥	⑥ 눈동자 f pupille 쀠삐으
목구멍 f gorge 고흐쥬	⑦ 볼/뺨 f joue 쥬

⑧ 배꼽	⑨ 손톱	⑩ 손목	⑪ 손바닥
m nombril	m ongle	m poignet	f paume de la main
농브힐	옹글	뿌아녜	뽐 들라맹
⑫ 혀	⑬ 피부	⑭ 팔꿈치	
f langue	f peau	m coude	
렁그	뽀	꾸드	

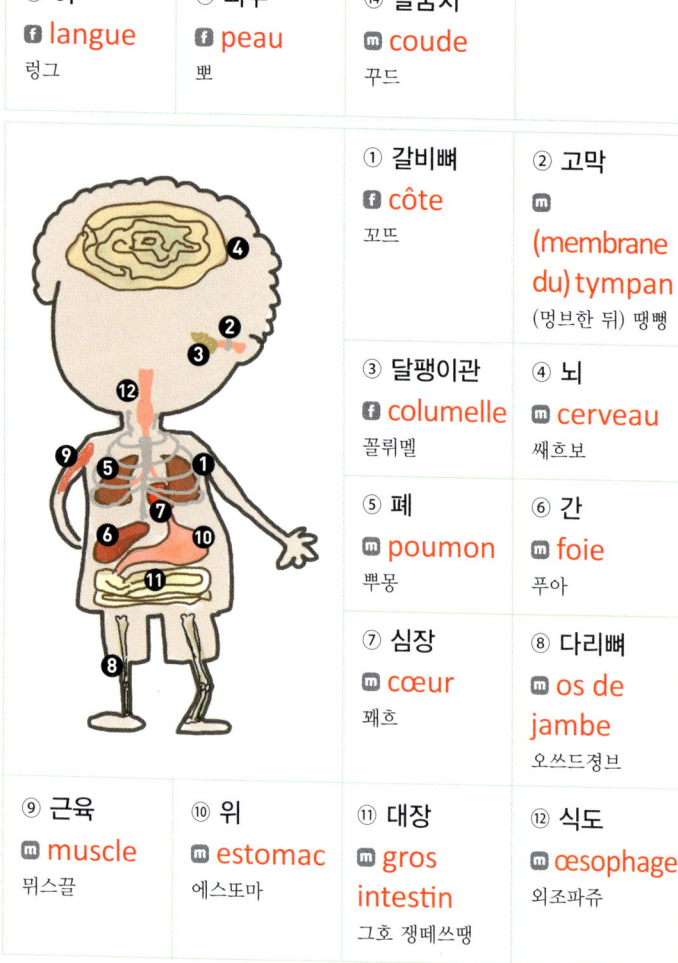

		① 갈비뼈	② 고막
		f côte	m (membrane du) tympan
		꼬뜨	(멍브한 뒤) 땡뺑
		③ 달팽이관	④ 뇌
		f columelle	m cerveau
		꼴뤼멜	쌔흐보
		⑤ 폐	⑥ 간
		m poumon	m foie
		뿌몽	푸아
		⑦ 심장	⑧ 다리뼈
		m cœur	m os de jambe
		꽤흐	오쓰드정브

⑨ 근육	⑩ 위	⑪ 대장	⑫ 식도
m muscle	m estomac	m gros intestin	m œsophage
뮈스끌	에스또마	그호 쟁떼쓰땡	외조파쥬

관련대화

A : 어디 불편하세요?
Où avez-vous mal?
우아베부말

B : 머리가 아파요.
J'ai mal à la tête.
줴말 알라뗏뜨

A : 아픈 지 얼마나 되셨어요?
Depuis quand?
드쀠 껑

B : 한 시간 정도 된 거 같아요.
Depuis une heure.
드쀠 윈왜흐

관련단어

건강하다	être en bonne santé	애트흐 엉본썽떼
근시	ⓜ myope	미옵
난시	ⓜ astigmatisme	아스띠그마띠슴
대머리	ⓜ ⓕ chauve	쇼브
동맥	ⓜ artère	아흐때흐
정맥	ⓕ veine	밴
맥박	ⓜ pouls	뿌
체중	ⓜ poids	뿌아

세포	**f** cellule	쎌륄
소화하다	digérer	디줴헤
시력	**f** vue	뷔
주름살	**f** ride	히드
지문	**f** empreinte digitale	엉프행프 디쥐딸

호랑이 굴에 들어가야
호랑이를 잡는다.
Qui ne risque rien
n'a rien.
끼느 히쓰끄 히앵 나히앵

Unit 02 병명

천식
- m asthme
- 아슴

고혈압
- f hypertension artérielle
- 이빼흐떵씨옹 아흐떼히엘

소화불량
- f indigestion
- 앵디줴스띠옹

당뇨병
- m diabète
- 디아벳뜨

생리통
- f douleur menstruelle
- 둘뢔흐 멍스트휘엘

알레르기
- f allergie
- 알레흐쥐

심장병
- f maladie cardiaque
- 말라디 까흐디악

맹장염
- f appendicite
- 아뻥디씨뜨

위염
- f gastrite
- 가스트힛뜨

배탈
- m estomac retourné
- 에스또마 흐뚜흐네

감기
- m rhume
- 휨

설사
- f diarrhée
- 디아헤

장티푸스
- f typhoïde
- 띠포이드

결핵
- f tuberculose
- 뛰베흐뀔로즈

고산병
- m mal des montagnes
- 말데몽따뉴

광견병 🅕 rage 하쥬 	**뎅기열** 🅕 dengue 덩그 
저체온증 🅕 hypothermie 이뽀떼흐미 	**폐렴** 🅕 pneumonie 쁘뇌모니 
식중독 🅕 intoxication alimentaire 앵똑씨까씨옹 알리멍때흐 	**기관지염** 🅕 bronchite 브홍쉿뜨 
열사병 🅜 coup de chaleur 꾸드샬붸흐	**치통** 🅜 mal aux dents 말오덩
간염 🅕 hépatite 에빠띳뜨 	**고열** 🅕 hyperthermie 이뻬흐떼흐미 
골절 🅕 fracture 프학뛰흐 	**기억상실증** 🅕 amnésie 암네지 
뇌졸중 🅜 accident vasculaire cérébral 악씨덩 바스뀔래흐 쎄해브할 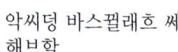	**독감** 🅕 grippe 그힙  **두통** 🅜 mal de tête 말드뗏뜨 

마약중독 🄵 toxicomanie 똑씨꼬마니 	불면증 🄵 insomnie 앵솜니 	
비만 🄵 obésité 오베지떼 	거식증 🄵 anorexie 아노헥씨 	우두 🄵 vaccin(e) 박쌩(씬)
암 🄼 cancer 껑쌔흐 	천연두 🄵 variole 바히올 	빈혈 🄵 anémie 아네미

관련대화

A : 요즘은 불면증으로 너무 힘들어요.

Ces jours-ci, j'ai du mal à dormir.

쎄쥬흐씨, 줴뒤말 아도흐미흐

B : 저도 그런데 밤마다 우유를 따뜻하게 데워 먹어보세요.

Moi aussi. Essayez de boire du lait chaud la nuit.

무아오씨. 애쎄이예 드부아흐 뒬래쇼 라뉘

A : 좋은 정보 고마워요.

Bonne information, merci.

본앵포흐마씨옹. 매흐씨

관련단어

한국어	프랑스어	발음
가래	f glaire au fond de la gorge	글래흐 오퐁들라고흐쥬
침	f salive	쌀리브
열	f chaleur	샬쾌흐
여드름	m bouton d'acné	부똥 다크네
블랙헤드	m point noir	뿌앵 누아흐
알레르기 피부	f peau allergique	뽀 알레흐쥑
콧물	f morve	모흐브
눈물	f larme	라흠
눈곱	f chassie	쌰씨
치질	f hémorroïde	에모호이드
모공	m pore	뽀흐
각질	f cellule morte	쎌륄모흐뜨
피지	m sébum	쎄봄
코딱지	f crotte de nez	크홋드네

Unit 03 약명

아스피린 🇫 aspirine 아스삐힌 	소화제 🇫 pastille digestive 빠스띠으 디줴스띠브 
위장약 🇲 remède pour l'estomac 흐메드 뿌흐 레스또마 	반창고 🇲 sparadrap 스빠하드하 
수면제 🇲 somnifères 솜니패흐 	진통제 🇲 calmant 꺌멍 
해열제 🇲 fébrifuge 페브히퓌쥬 	멀미약 🇲 antinaupathique 엉띠노빠띡 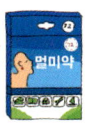
기침약 🇲 médicament contre la toux 메디까멍 꽁트흐라뚜 	지혈제 🇲 hémostatique 에모스따띡 
소염제 🇲 anti-inflammatoire 엉띠 앵플라마뚜아흐	소독약 🇲 désinfectant 데쟁펙떵 

변비약 m laxatif 락싸띠프 	안약 m collyre 꼴리흐 
붕대 m bandage 벙다쥬 	지사제 m antidiarrhéique 엉띠디아헤익
감기약 m médicament contre le rhume 메디까멍 꽁트흐르휨 	비타민 f vitamine 비따민
영양제 m fortifiant 포흐띠피엉 	무좀약 m médicament contre pied d'athlète 메디까멍 꽁트흐 삐에다뜰렛 

관련대화

A : 눈에 뭐가 들어갔어요. 안약 주세요.

J'ai quelque chose dans l'œil. Donnez-moi du collyre.
쥬에 껠끄쇼즈 덩래이으 도네무아 뒤꼴리흐

B : 여기 있습니다.

Le voilà.
르부알라

관련단어

한국어	프랑스어	발음
건강검진	m examen médical	애그자맹 메디깔
내과의사	m interniste	앵떼흐니스프
노화	m vieillissement	비애이쓰멍
면역력	f immunité	이뮈니떼
백신(예방) 접종	f vaccination (prévention)	박씨나씨옹(프헤벙씨옹)
병실	f chambre de malade	셩브흐 드말라드
복용량	m dosage	도자쥬
부상	f blessure	블레쒸흐
부작용	f effet secondaire	에페 쓰공대흐
산부인과 의사	gynécologue	쥐네꼴로그
낙태	m avortement	아보흐뜨멍
소아과 의사	pédiatre	뻬디아트흐
식욕	m appétit	아뻬띠
식이요법	m régime diététique	헤쥠 디에떼띡
수술	f opération chirurgicale	오뻬하씨옹 쉬휘흐쥐깔
외과의사	chirurgien(ne)	쉬휘흐지앵(앤)
치과의사	dentiste	덩띠스프
약국	f pharmacie	파흐마씨
약사	pharmacien(ne)	파흐마씨엥(앤)

의료보험	**f** assurance médicale	아쒸헝쓰 메디깔
이식하다	transplanter	트헝쓰쁠렁떼
인공호흡	**f** respiration artificielle	헤스삐하씨옹 아흐띠피씨엘
종합병원	**m** hôpital généraliste	오삐딸 줴네할리스뜨
침술	**f** acupressure	아뀌프헤쒸흐
중환자실	**f** unité de soins intensifs	위니떼 드수앵 앵떵씨프
응급실	**f** salle d'urgence	쌀뒤흐졍쓰
처방전	**f** ordonnance	오흐도넝쓰
토하다	vomir	보미흐
어지럽다	avoir le vertige	아부아흐 르베흐띠쥬
속이 메스껍다	avoir la nausée	아부아흐 라노제

알을 까기도 전에 병아리를 셈하지 말라. (김칫국부터 마시지 말라.)
Vendre la peau de l'ours avant de l'avoir tué.
벙드흐 라뽀드루흐쓰 아벙드라부아흐 뛰에

Unit 04 생리현상

트림 **rot** (m) 호	재채기 **éternuement** (m) 에떼흐뉘멍	한숨 **soupir** (m) 쑤삐흐
딸꾹질 **hoquet** (m) 오께	하품 **bâillement** (m) 바이멍	눈물 **larme** (f) 라흠
대변 **excrément** (m) 엑쓰크헤멍	방귀 **pet** (m) 뻬	소변 **urine** (f) 위힌

관련대화

A : 에추. 감기가 들었는지 계속 재채기와 콧물이 나와.

Atchoum. J'ai pris froid, alors j'éternue et le nez coule tout le temps.
아춈. 줴프히 프후아, 알로흐 줴떼흐뉘 에 르네꿀 뚤르떵

B : 병원에 빨리 가보렴.

Allez à l'hôpital sur-le-champ.
알레 아로삐딸 쉬흘르셩

Chapter 03 감정, 행동 표현

Unit 01 감정

통쾌하다	흥분하다	재미있다
avoir une joie intense	exciter	être amusant(e)
아부아흐 원쥬아 앵떵쓰	엑씨떼	애트흐 아뮈정(뜨)

행복하다	즐겁다	좋다
être heureux(se)	être joyeux(se)	être bon(ne)
애트흐 왜회(즈)	애트흐 주아외(즈)	애트흐 봉(본)

기쁘다	힘이 나다	뿌듯하다
être content(e)	avoir de la force	être bien fier(ère)
애트흐 꽁떵(뜨)	아부아흐 들라포흐쓰	애트흐 비앵 피애흐

짜릿하다	감격하다	부끄럽다
frissonner	être ému(e)	avoir honte
프히쏘네	애트흐 에뮈	아부아흐 옹뜨

난처하다	외롭다	재미없다
être embarrassé(e)	être solitaire	être sans intérêt
애트흐 엉바하쎄	애트흐 쏠리때흐	애트흐 썽쟁떼헤

화나다 se mettre en colère 쓰매트흐 엉꼴래흐 	무섭다 avoir peur 아부아흐 뻬흐 
불안하다 être instable 애트흐 앵쓰따블 	피곤하다 être fatigué(e) 애트흐 파띠게 
불쾌하다 être désagréable 애트흐 데자그헤아블	괴롭다 être tourmenté(e) 애트흐 뚜흐멍떼
지루하다 être ennuyeux(se) 애트흐 엉뉘외(즈) 	슬프다 être triste 애트흐 트히스뜨 
억울하다 être opprimé(e) 애트흐 오프히메 	비참하다 être misérable 애트흐 미제하블 
짜증나다 s'énerver 쎄네흐베 	초조하다 être impatient(e) 애트흐 앵빠씨엉(뜨) 
무기력하다 être faible 애트흐 패블르 	불편하다 être gêné(e) 애트흐 줴네 

놀라다 être surpris(e) 애트흐 쉬흐프히(즈) 	질투하다 être jaloux(se) 애트흐 쟐루(즈) 
사랑하다 aimer 애메 	싫다 détester 데떼스떼 
행운을 빕니다 souhaiter bonne chance 수애떼 본셩쓰 	고마워요 remercier 흐메흐씨에 

관련대화

A : 저는 비를 좋아해요. 그래서 비가 오면 기분이 너무 좋아요.

J'aime la pluie. Je me sens bien quand il pleut.
쥄라쁠뤼. 쥬므썽비앵 껑띨쁠뢰

B : 그래요? 저는 비가 오면 슬퍼요. 어제도 비가 와서 짜증났어요.

Ah bon? Je suis triste quand il pleut. Alors la pluie d'hier m'a énervé.
아봉, 쥬쉬트히스뜨 껑띨쁠뢰. 알로흐 라쁠뤼 디에흐 마에네흐베

A : 그래요? 저와는 정반대군요.

Ah oui? Pour moi, c'est le contraire.
아위 뿌흐무아, 쎄르꽁트해흐

Unit 02 칭찬

| 멋지다
être chouette
애트흐 슈에뜨  | 훌륭하다
être magnifique
애트흐 마니픽  | 굉장하다
être extraordinaire
애트흐 액쓰트하오흐 디내흐  |

| 대단하다
être super(be)
애트흐 쉬뻬흐(브)  | 귀엽다
être mignon(ne)
애트흐 미뇽(뇬)  |

| 예쁘다
être joli(e)
애트흐 졸리 | 아름답다
être beau(belle)
애트흐 보(벨) |

| 최고다
être le meilleur (la meilleure)
애트흐 르메이왜흐(라메이왜흐) | 참 잘했다
Bien joué!
비앵 쥬에  |

관련대화

A : 당신은 정말 귀여워요.

Vous êtes tellement mignon.
부젯 뗄르멍 미뇽

B : 고마워요. 당신은 정말 멋져요.

Merci. Vous êtes très beau.
매흐씨, 부젯 트해보

Unit 03 행동

세수하다 faire sa toilette 패흐 싸뚜알렛 	**청소하다** nettoyer 네뚜아예 
자다 dormir 도흐미흐 	**일어나다** se lever 쓸르베 
먹다 manger 멍줴 	**마시다** boire 부아흐 
요리하다 faire la cuisine 패흐 라 뀌진 	**설거지하다** faire la vaisselle 패흐 라 배쎌 
양치질하다 se brosser les dents 쓰브호쎄 레덩	**샤워하다** prendre une douche 프헝드흐 윈두슈 
옷을 입다 s'habiller 싸비에 	**옷을 벗다** se déshabiller 쓰데자비에 
빨래하다 faire la lessive 패흐 라 레씨브 	**쓰레기를 버리다** jeter les ordures 쥬떼 레조흐뒤흐 

창문을 열다 ouvrir la fenêtre 우브히흐 라프네트흐 	창문을 닫다 fermer la fenêtre 패흐메 라프네트흐
불을 켜다 allumer la lumière 알뤼메 라뤼미에흐	불을 끄다 éteindre la lumière 에땡드흐 라뤼미에흐
오다 venir 브니흐 	가다 aller 알레 
앉다 s'asseoir 싸쑤아흐 	서다 rester debout 헤스떼 드부 

걷다 marcher 마흐쉐 	달리다 courir 꾸히르 	놀다 s'amuser 싸뮈제 
일하다 travailler 트하바이에	웃다 rire 히흐 	울다 pleurer 쁠왜헤 
나오다 sortir 쏘흐띠흐	들어가다 entrer 엉트헤 	묻다 demander 드멍데 

대답하다 répondre 헤뽕드흐	멈추다 s'arrêter 싸헤떼	움직이다 bouger 부줴
올라가다  monter 몽떼	내려가다  descendre 데썽드흐	박수 치다 applaudir 아쁠로디흐
찾다 chercher 쉐흐쉐	흔들다 secouer 쓰꾸에	춤추다  danser 덩쎄
뛰어오르다  bondir 봉디흐	넘어지다 tomber 똥베	읽다  lire 리흐
쓰다  écrire 에크히흐	던지다  jeter 쥬떼	잡다  prendre 프헝드흐
싸우다  se battre 쓰바트흐	말다툼하다   se disputer 쓰디스쀠떼	
인사하다  saluer 쌀뤼에	대화하다   discuter 디스뀌떼	

관련대화

A : 주말에는 주로 뭐하세요?

Qu'est-ce que vous faites le week-end ?
께스끄 부 팻 르위껜드

B : 저는 주말에 청소하고 요리를 해요.

Je nettoie la maison et je fais la cuisine.
쥬네뚜아 라매종 에 쥬패 라뀌진

관련단어

격려하다	encourager	엉꾸하줴
존경하다	respecter	헤스뻭떼
지지하다	soutenir	쑤뜨니흐
주장하다	prétendre	프헤떵드흐
추천하다	recommander	흐꼬멍데
경쟁하다	rivaliser	히발리제
경고하다	avertir	아베흐띠흐
설득하다	convaincre	꽁뱅크흐
찬성하다	approuver	아프후베
반대하다	désapprouver	데자프후베
재촉하다	presser	프헤쎄
관찰하다	observer	옵쎄흐베
상상하다	imaginer	이마쥐네

기억하다	se souvenir	쓰쑤브니흐
후회하다	regretter	흐그헤떼
신청하다	demander	드멍데
약속하다	promettre	프흐매트흐
논평하다	commenter	꼬멍떼
속삭이다	murmurer	뮈흐뮈헤
허풍을 떨다	se vanter de	쓰벙떼 드
의식하다	prendre conscience de	프헝드흐 꽁씨엉쓰 드
추상적이다	être abstrait(e)	애트흐 압스트해(뜨)

열 길 물속은 알아도 한 길 사람 속은 모른다.
Il est plus facile de connaître dix pays qu'un seul homme.

일레쁠뤼파씰 드꼬내트흐 디빼이 깽쌜롬

Unit 04 인사

안녕하세요. (해 있을 때 만나서 하는 인사) **Bonjour** 봉쥬흐 	저녁인사 **Bonsoir** 봉수아흐 
처음 뵙겠습니다. **Enchanté(e)** 엉셩떼 	부탁드립니다. **S'il vous plaît** 씰부쁠래 
잘 지내셨어요? **Vous allez bien?** 부잘레 비앵 	만나서 반갑습니다. **Ravi(e) de vous connaître.** 하비드부꼬내트흐 
오랜만이에요. **Ça fait longtemps qu'on ne s'est pas vus.** 싸패 롱떵 꽁느쎄빠뷔 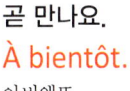	안녕히 가세요. **Au revoir.** 오흐부아흐 
곧 만나요. **À bientôt.** 아비앵또 	안녕히 주무세요. **Bonne nuit.** 본뉘 

관련대화

A : 안녕하세요.
Bonjour.
봉쥬흐

B : 네, 안녕하세요. 잘 지내셨죠?
Bonjour. Ça va?
봉쥬흐. 싸바

A : 네, 잘 지냈어요. 어디 가시는 길이예요?
Oui, je vais bien. Vous allez où?
위, 쥬배비앵. 부잘래 우

B : 친구 만나러 가요.
Je vais voir mes amis.
쥬베 부아흐 메자미

A : 네, 그럼 다음에 볼게요.
Ah oui! Alors à la prochaine.
아위 알로 알라프호쉔흐

Unit 05 축하

생일 축하합니다 Bon anniversaire 본나니베흐쎄흐 	결혼 축하합니다 Félicitations pour votre mariage. 펠리씨따씨옹 뿌흐보트흐마히아쥬
합격 축하합니다 Félicitations pour votre réussite. 펠리씨따씨옹 뿌흐보트흐헤위씻 	졸업 축하합니다 Félicitations pour votre diplôme. 펠리씨따씨옹 뿌흐보트흐디쁠롬 
명절 잘 보내세요 Bonne fête 본팻뜨	새해 복 많이 받으세요 Bonne année 본나네
메리 크리스마스 Joyeux Noël 쥬아외노엘 	

관련대화

A : 졸업 축하해요.
　Félicitations pour votre diplôme.
　펠리씨따씨옹 뿌흐보트흐 디쁠롬

B : 감사합니다. 쟌 씨도 시험 합격 축하합니다.
　Merci. Jeanne. Je vous félicite votre réussite de l'examen.
　매흐씨. 쟌. 쥬부펠리씻뜨 보트흐헤위씻 드레그자맹

Chapter 04 교육

Unit 01 학교

유치원
🇫 école maternelle
에꼴 마떼흐넬

초등학교
🇫 école élémentaire
에꼴 엘레멍때흐

중학교
🇲 collège
꼴레쥬

고등학교
🇲 lycée
리세

대학교
🇫 université
위니베흐씨떼

학사
🇫 licence
리썽쓰

석사
🇲 master
마스떠흐

박사
🇲 doctorat
독또하

대학원
🇫 études universitaires du cycle supérieur
에뛰드 위니베흐씨때흐 뒤씨끌 쉬뻬히왜흐

관련대화

A : 자녀가 몇 살이예요?

Quel âge a votre enfant?
껠라쥬 아 보트흐엉펑

B : 19살이예요. 내년에 대학에 들어가요.

Il a 19 ans. Il entre dans une université l'année prochaine.
일라 디즈내벙. 일엉트흐 덩쥔뉘니베흐씨떼 라네프호쉔

A : 어머, 고3 학부모군요. 많이 힘드시겠어요.

Ah bon. Vous avez un enfant qui prépare le bac. Ça va être difficile.
아봉. 부자베 앤넝펑 끼프헤빠흐 르박. 싸바애트흐 디피씰

B : 네, 그래도 아이가 저보다 더 힘들겠죠.

Oui, mais c'est plus dur pour mon fils que pour moi.
위, 매 쎄블뤼뒤흐 뿌흐몽피쓰 끄뿌흐무아

관련단어

학원	f académie	아까데미
공립학교	f école publique	에꼴 쀠블릭
사립학교	f école privée	에꼴 프히베
교장	directeur(trice) d'école	디헥때흐(트히쓰) 데꼴
학과장	m chef de département	쉡 드 데빠흐뜨멍
신입생	m bizut/nouveau	비쥐/누보
학년	f année scolaire	아네스꼴래흐

Unit 02 학교시설

① 교정 **m** campus 껑쀠쓰	② 교문 **m** portail 뽀흐따이으	③ 운동장 **f** cour de récréation 꾸흐 드 헤크헤아씨옹
④ 교장실 **m** bureau du directeur 뷔호 뒤 디헥떼흐	⑤ 사물함 **m** casier 까지에	⑥ 강의실 **f** salle de cours 쌀드꾸흐
⑦ 화장실 **f** toilettes 뚜알렛	⑧ 교실 **f** salle de classe 쌀드끌라쓰	⑨ 복도 **m** couloir 꿀루아흐

⑩ 도서관 **bibliothèque** 비블리오떽	⑪ 식당 **restaurant** 헤스또헝	⑫ 기숙사 **cité universitaire** 씨떼위니베흐씨떼흐
⑬ 체육관 **gymnase** 쥠나즈	⑭ 매점 **échoppe** 에숍	⑮ 교무실 **salle des professeurs** 쌀데프호페쐐흐
⑯ 실험실 **laboratoire** 라보하뚜아흐		

관련대화

A : 이 학교는 교정이 너무 예쁜 거 같아요.

Je pense que cette école a un beau campus.
쥬뻥쓰끄 셋떼꼴 아앵보껑쀠쓰

B : 그죠. 저는 이 학교 출신이에요. 그땐 우리 학교가 이렇게 예쁜지 몰랐어요.

C'est vrai. Je suis de cette école. Je ne savais pas que mon école était si jolie à ce moment-là.
쎄브해. 쥬쉬 드셋떼꼴. 쥰싸배빠 끄 몽네꼴 에때 씨졸리 아쓰모멍라

Unit 03 교과목 및 관련 단어

1. 영어 **m** anglais 엉글레
2. 중국어 **m** chinois 쉬누아
3. 일본어 **m** japonais 쟈뽀네
4. 철학 **f** philosophie 필로조피
5. 문학 **f** littérature 리떼하뛰흐
6. 수학 **f** mathématiques 마떼마띡
7. 경제 **f** économie 에꼬노미
8. 상업 **m** commerce 꼬매흐쓰
9. 기술 **f** technologie 떼끄놀로지

10	지리	f géographie	제오그하피
11	건축	f architecture	아흐쒸떽뛰흐
12	생물	f biologie	비올로지
13	화학	f chimie	쉬미
14	천문학	f astronomie	아스트호노미
15	역사	f histoire	이스뚜아흐
16	법률	m droit	드후아
17	정치학	m politique	뽈리띡
18	사회학	f sociologie	쏘씨올로지

19	음악	f musique	뮈직
20	체육	f éducation physique	에뒤까씨옹 피직
21	윤리	f éthique	에띡
22	물리	f physique	피직
23	받아쓰기	f dictée	딕떼
24	중간고사	m contrôle continu/ examen partiel	꽁트홀 꽁띠뉘/에그자맹 빠흐씨엘
25	기말고사	m examen final	에그자맹 피날
26	장학금	f bourse d'études	부흐쓰 데뛰드

27	입학	f entrée d'une école	엉트헤 된네꼴
28	졸업	f fin d'études	팽데뛰드
29	숙제	m devoir	드부아흐
30	시험	m examen	에그자맹
31	논술	f dissertation	디쎄흐따씨옹
32	채점	f correction	꼬헥씨옹
33	전공	m spécialité	스뻬씨알리떼
34	학기	m semestre	스메스트흐
35	등록금	droit d'inscription	드후아 댕스크힙씨옹
36	컨닝하다	pomper/tricher	뽕뻬/트히쉐

관련대화

A : 제일 좋아하는 과목이 뭐예요?
  Quelle est votre matière préférée?
  껠레 보트흐 마띠에흐 프헤페헤

B : 저는 수학을 좋아해요.
  J'aime les maths.
  쥄 레마뜨

귀한 자식 매 한 대 더 때린다.
Qui aime bien châtie bien.
끼앰 비앵 샤띠비앵

Unit 04 학용품

공책(노트) **m cahier** 까이에 	지우개 **f gomme** 곰	볼펜 **m stylo à bille** 스띨로 아비으 
연필 **m crayon** 크해용 	노트북 **m ordinateur portable** 오흐디나때흐 뽀흐따블 	
책 **m livre** 리브흐 	칠판 **m tableau noir** 따블로 누아흐 
칠판지우개 **m effaceur de tableau noir** 에파쒜흐 드따블로 누아흐 	필통 **f trousse** 트후쓰 
샤프펜슬 **m porte-mine** 뽀흐뜨민 	색연필 **m crayon de couleur** 크해용 드꿀뢔흐 
압정 **f punaise** 쀠내즈 	만년필 **m stylo à plume** 스띨로 아쁠륌 
클립 **m trombone** 트홍본	연필깎이 **m taille-crayon** 따이으 크해용 

Chapter 04 교육

크레파스	화이트
m crayon pastel 	**m** correcteur 
크해용 빠스뗄	꼬핵떼흐

가위	풀	물감
m ciseaux 	**f** colle 	**m** colorant 
씨조	꼴	꼴로헝

잉크	자
m encre 	**f** règle 
엉크흐	해글르

스테이플러	스케치북
f agrafeuse 	**m** carnet de croquis 
아그하푀즈	까흐네 드크호끼

샤프심	칼
f mine 	**m** couteau tout usage 
민	꾸또 뚜뛰자쥬

파일	매직펜
m fichier 	**m** marqueur 
피쉬에	마흐꿰흐

사인펜	형광펜
m feutre 	**m** surligneur 
풰트흐	쉬흐리뇌흐

테이프 **m** ruban 휘벙 	콤파스 **f** boussole 부솔 

🎀 관련대화

A : 볼펜 좀 빌려줄래요?
　Pouvez-vous me prêter un stylo à bille?
　뿌베부 므프헤떼 앵스띨로 아비으

B : 여기 있습니다. 쓰시고 나서 꼭 돌려주세요.
　Tenez. Rendez-le-moi après l'utilisation.
　뜨네. 헝데르무아 아프헤 뤼띨리자씨옹

A : 알겠어요.
　D'accord.
　다꼬흐

아니 땐 굴뚝에 연기 나랴.
Il n'y a pas de fumée sans feu.
인니아빠드 퓌메 썽쾨

Unit 05 부호

더하기 **f** addition 아디씨옹	**빼기** **f** soustraction 쑤스트학씨옹
나누기 **f** division 디비지옹	**곱하기** **f** multiplication 뮐띠쁠리까씨옹
크다/작다 grand / petit 그헝/쁘띠	**같다** égal 에걀
마침표 **m** point final 뿌앵 피날	**느낌표** **m** point d'exclamation 뿌앵 덱쓰끌라마씨옹
물음표 **m** point d'interrogation 뿌앵 댕떼호가씨옹	**하이픈** **m** trait d'union 트해뒤니옹
콜론 **m** deux-points 되뿌앵	**세미콜론** **m** point-virgule 뿌앵 비흐귈
따옴표 **m** guillemets 기이메	**생략기호** **f** ellipse 에립쓰

at/골뱅이 🇫 arobase 아호바즈	루트 🇫 racine carrée 하씬 까헤 
슬래시 🇫 barre oblique 바흐 오블릭	

관련대화

A : 10 빼기 9는 얼마인가요?

　Combien font 10 moins 9?
　꽁비앙 퐁 디 무앵 놰프

B : 10 빼기 9는 1입니다.

　10 moins 9 font 1.
　디 무앵 놰프 퐁 앵

A : 그럼 4 나누기 2는 얼마인가요?

　Et puis, 4 divisés par 2, c'est combien?
　에 쀠, 까트흐 디비제 빠흐 되, 쎄꽁비앙

B : 4 나누기 2는 2입니다.

　4 divisé par 2 égale à 2.
　까트흐 디비제 빠흐 되 에걀 아 되

Unit 06 도형

정사각형 **carré** (m) 까헤		**삼각형** **triangle** (m) 트히엉글	
원 **cercle** (m) 쎄흐끌		**사다리꼴** **trapèze** (m) 트하뻬즈	
원추형 **forme conique** (f) 포흠 꼬닉		**다각형** **polygone** (m) 뽈리곤	
부채꼴 **secteur** (m) 섹뙈흐		**타원형** **ovale** (m) 오발	
육각형 **hexagone** (m) 에그자곤		**오각형** **pentagone** (m) 뼁따곤	
원기둥 **cylindre** (m) 씨랭드흐		**평행사변형** **parallélogramme** (m) 빠하렐로그함	
각뿔 **pyramide** (f) 삐하미드			

관련대화

A : 삼각형의 세 각의 합은 몇 도인가요?
Quelle est la somme des angles d'un triangle?
껠레 라쏨데 정글 댕트히엉글

B : 답은 180도입니다.
C'est 180 degrés.
쎄 썽꺄트흐뱅 드그헤

A : 그럼, 무엇을 정사각형이라고 하나요?
Alors, qu'est-ce que c'est, un carré?
알로흐, 께스끄쎄, 앵까헤

B : 네 변의 길이가 같은 사각형을 정사각형이라고 합니다.
C'est un rectangle qui a la même longueur sur les quatre côtés.
쎄땡 헥떵글 끼아 라멤 롱괘흐 쉬흐 레꺄트흐꼬떼

A : 맞습니다. 정말 똑똑하네요.
C'est exact. Vous êtes vraiment intelligent.
쎄에그작. 부젯 브해멍 앵뗄리정

Unit 07 숫자

영 zéro 제호 	**하나** un(e) 앵(윈) 	**둘** deux 되 
셋 troix 트후아 	**넷** quatre 꺄트흐 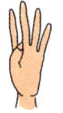	**다섯** cinq 쌩끄 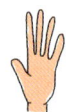
여섯 six 씨스 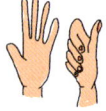	**일곱** sept 쎗뜨 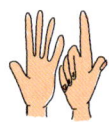	**여덟** huit 윗뜨 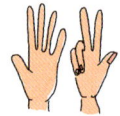
아홉 neuf 놰프 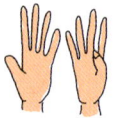	**열** dix 디스 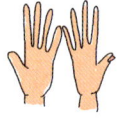	**이십** vingt 뱅 20
삼십 trente 트헝뜨 30	**사십** quarante 꺄헝뜨 40	**오십** cinquante 쌩꼉뜨 50
육십 soixante 수아썽뜨 60	**칠십** soixante-dix 수아썽뜨 디스 70	**팔십** quatre-vingts 꺄트흐뱅 80
구십 quatre- vingt-dix 꺄트흐뱅디스 90	**백** cent 썽 100	**천** mille 밀 1,000

만 dix mille 디밀	10,000	십만 cent mille 썽밀	100,000	백만 un million 앵밀리옹	1,000,000
천만 dix millions 디밀리옹	10,000,000	억 cent millions 썽밀리옹	100,000,000	조 mille milliards 밀밀리야흐	1,000,000,000,000

관련대화

A : 당신은 어떤 숫자를 좋아하나요?
   Vous aimez quel chiffre?
   부재메 껠쉬프흐

B : 저는 7을 좋아해요.
   J'aime le 7.
   쟴 르쎗뜨

A : 왜 7을 좋아하죠?
   Pourquoi aimez-vous le 7?
   뿌흐꾸아 애메부 르쎗뜨

B : 행운을 가져다주는 숫자라서요.
   Parce qu'il apporte de la chance.
   빠흐쓰낄 아뽀흐뜨 들라셩쓰

Unit 08 학과

국어국문학과
m département de langue et littérature coréennes
데빠흐뜨멍 드렁그 에 리떼하뛰흐 꼬헤앤

영어영문학과
m département de langue et littérature anglaises
데빠흐뜨멍 드렁그 에 리떼하뛰흐 엉글래즈

불어불문학과
m département de langue et littérature françaises
데빠흐뜨멍 드렁그 에 리떼하뛰흐 프헝쎄즈

경영학과
m département de gestion
데빠흐뜨멍 드 줴스띠옹

정치외교학과
m département de science politique et relations internationales
데빠흐뜨멍 드 씨엉스뽈리띡 에 흘라씨옹 앵떼흐나씨오날

신문방송학과
m département de journalisme
데빠흐뜨멍 드 쥬흐날리슴

법학과
m département de droit
데빠흐뜨멍 드 드후아

전자공학과
m département d'électronique
데빠흐뜨멍 델렉트호닉

컴퓨터공학과
m département d'informatique
데빠흐뜨멍 뎅포흐마띡

물리학과

m département de physique

데빠흐뜨멍 드 피직

의학과

m département de médecine

데빠흐뜨멍 드 맷드씬

간호학과

m département de soins infirmiers

데빠흐뜨멍 드수앵 쟁피흐미에

약학과

m département de pharmacie

데빠흐뜨멍 드 파흐마씨

관련대화

A : 당신은 무슨 학과인가요?

Vous êtes de quel département à l'université?

부젯 드껠데빠흐뜨멍 아뤼니베흐씨떼

B : 저는 불어불문학과예요.

Je suis dans le département de langue et littérature françaises.

쥬쉬 덩르데빠흐뜨멍 드 렁그 에 리떼하뛰흐 프헝쎄즈

A : 전공은 무엇인가요?

Quelle est votre spécialité?

껠레 보트흐 스뻬씨알리떼

B : 저는 프랑스 문학을 공부합니다.

J'étudie la littérature française.

줴뛰디 라리떼하뛰흐 프헝쎄즈

Chapter 05 계절/월/요일

Unit 01 계절

봄 **m** printemps 프헝떵 	여름 **m** été 에떼 
가을 **m** automne 오똔 	겨울 **m** hiver 이베흐 

관련대화

A : 지금은 무슨 계절입니까?
On est en quelle saison?
온 네 껠쌔종

B : 지금은 봄입니다.
C'est le printemps.
쎄 르 프헝떵

Unit 02 요일

월요일 **lundi** 랭디		화요일 **mardi** 마흐디	
수요일 **mercredi** 맥크흐디		목요일 **jeudi** 죄디	
금요일 **vendredi** 벙드흐디		토요일 **samedi** 쌈디	
일요일 **dimanche** 디멍슈			

관련대화

A : 오늘은 무슨 요일인가요?

Quel jour sommes-nous?
껠쥬흐 쏨누

B : 오늘은 수요일입니다.

C'est mercredi.
쎄 맥크흐디

Unit 03 월

1월  **janvier** 졍비에	2월  **février** 페브히에	3월 **mars** 마흐쓰
4월 **avril** 아브힐	5월 **mai** 매	6월 **juin** 쥐앵
7월 **juillet** 쥐이에	8월 **août** 웃뜨	9월 **septembre** 셉떵브흐
10월 **octobre** 옥또브흐	11월 **novembre** 노벙브흐	12월 **décembre** 데썽브흐

Unit 04 일

1일 le 1er (premier) 르 프허미에	2일 le 2(deux) 르되	3일 le 3(trois) 르트후아	4일 le 4(quatre) 르꺄트ㅎ
5일 le 5(cinq) 르쌩끄	6일 le 6(six) 르씨쓰	7일 le 7(sept) 르쎗뜨	8일 le 8(huit) 르윗뜨
9일 le 9(neuf) 르놰프	10일 le 10(dix) 르디쓰	11일 le 11(onze) 르옹즈	12일 le 12(douze) 르두즈
13일 le 13 (treize) 르트해즈	14일 le 14 (quatorze) 르꺄또흐즈	15일 le 15 (quinze) 르깽즈	16일 le 16(seize) 르쌔즈

17일 le 17 (dix-sept) 르디쎈뜨	18일 le 18 (dix-huit) 르디즈윗뜨	19일 le 19 (dix-neuf) 르디즈놰프	20일 le 20(vingt) 르뱅
21일 le 21(vingt et un) 르뱅떼앵	22일 le 22(vingt-deux) 르뱅뜨되	23일 le 23(vingt-trois) 르뱅뜨트후아	24일 le 24(vingt-quatre) 르뱅뜨꺄트흐
25일 le 25 (vingt-cinq) 르뱅뜨쌩끄	26일 le 26 (vingt-six) 르뱅뜨씨쓰	27일 le 27 (vingt-sept) 르뱅뜨쎗뜨	28일 le 28 (vingt-huit) 르뱅뛰뜨
29일 le 29 (vingt-neuf) 르뱅뜨놰프	30일 le 30 (trente) 르트헝뜨	31일 le 31(trente et un) 르트헝떼앵	

관련대화

A : 오늘은 몇 월 며칠인가요?

Quel jour est-ce aujourd'hui ?
껠쥬흐 에쓰 오쥬흐뒤

B : 오늘은 1월 10일입니다.

C'est le 10 janvier.
쎄르 디졍비에

관련단어

한국어	프랑스어	발음
달력	m calendrier	깔렁드히에
다이어리	m agenda	아정다
노동절	f fête du travail	팻뒤트하바이으
크리스마스	Noël	노엘
신년, 1월1일	m Nouvel An	누벨렁
국경일	f Fête nationale	팻뜨나씨오날

Unit 05 시간

새벽 **f aube** 오브 	아침 **m matin** 마땡 
오전 **m matin** 마땡 	점심 **m midi** 미디 
오후 **m après-midi** 아프헤미디 	저녁 **m soir** 수아흐 

밤 **f nuit** 뉘 	시 **f heure** 왜흐	분 **f minute** 미넛뜨	초 **f seconde** 쓰공드 

어제 hier 이에흐 	오늘 aujourd'hui 오쥬흐뒤 	내일 demain 드맹
내일모레 après-demain 아프헤드맹		하루 **m jour** 쥬흐 

관련대화

A : 프랑수아는 언제 한국에 놀러오나요?

Quand François vient-il en Corée?
껑 프헝수아 비앵띨 엉꼬헤

B : 내일 한국에 와요.

Il va venir en Corée demain.
일바브니흐 엉꼬헤 드맹

A : 몇 시 도착 예정인가요?

À quelle heure arrive-t-il?
아껠뢔흐 아히브띨

B : 오후 3시 30분 도착 예정이에요.

Il arrive à 3h30 de l'après-midi.
일아히브 아 트후와죄흐 트헝뜨 들라프헤미디

A : 한국에 얼마나 머무르나요?

Combien de temps restera-t-il en Corée?
꽁비앵드떵 헤스뜨하띨 엉꼬헤?

B : 일주일 머물러요.

Il restera une semaine.
일헤스뜨하 윈쓰맨

A : 알겠습니다. 그럼 제가 식사 대접을 한번 할게요.

D'accord. Alors, je vais l'inviter à dîner.
다꼬흐. 알로흐, 쥬배 랭비떼 아디네

관련단어

지난주	la semaine dernière	라쓰맨 데흐니에흐
이번 주	cette semaine	셋뜨스맨
다음 주	la semaine prochaine	라쓰맨 프호쉔
일주일	une semaine	윈쓰맨
한 달	un mois	앵무아
일 년	un an	앤넝

건강한 신체에 건강한 정신이 깃든다.
Un esprit sain dans un corps sain.
앵네스프히쌩 덩쟁꼬흐쌩

Chapter 06 자연과 우주

Unit 01 날씨 표현

맑은 clair  끌래흐	따뜻한 chaud  쇼	화창한 ensoleillé 엉쏠레이에
더운 chaud 쇼	흐린 nuageux 뉘아죄	안개 낀 brumeux 브휘뫼

습한 humide  위미드	시원한 frais  프해
쌀쌀한 frisquet  프히스께	추운 froid  프후아
장마철 f saison des pluies  쌔종데쁠뤼	천둥 m tonnerre  또네흐

번개 **f foudre** 푸드흐 	태풍 **m typhon** 띠퐁 
비가 오다 **Il pleut** 일쁠뢰 	비가 그치다 **Il ne pleut plus** 일느쁠뢰쁠뤼 
무지개가 뜨다 **Il se forme un arc-en-ciel** 일쓰포홈 앤낙껭씨엘 	바람이 불다 **Il y a du vent.** 일리아 뒤벙 
눈이 내리다 **Il neige.** 일내쥬 	얼음이 얼다 **Il gèle.** 일젤 
서리가 내리다 **Le givre tombe.** 르쥐브흐똥브 	

관련대화

A : 내일 날씨는 어때요?

Quel temps fera-t-il demain?
껠떵 프하띨 드맹

B : 내일은 화창해요.

Il fera beau.
일프하보

Unit 02 날씨 관련

해 **m soleil** 쏠레이으 	구름 **m nuage** 뉘아쥬 
비 **f pluie** 쁠뤼 	바람 **m vent** 벙 
눈 **f neige** 네쥬 	고드름 **f stalactite** 스딸락띠뜨 
별 **f étoile** 에뚜알 	달 **f lune** 륀 
우주 **m univers** 위니베흐 	우박 **m grêlon** 그헬롱 
홍수 **f inondation** 이농다씨옹 	가뭄 **f sécheresse** 쎄슈헤쓰 
지진 **m tremblement de terre** 트헝블르멍 드떼흐 	자외선 **m rayons ultraviolets** 해이용 윌트하비올레 

열대야
f nuit tropicale
뉘 트호삐깔

오존층
f couche d'ozone
꾸슈 도존

화산(화산폭발)
m volcan (éruption)
볼껑 에휩씨옹

관련대화

A : 오늘 날씨는 어때요?
Quel temps fait-il aujourd'hui?
껠떵 패띨 오쥬흐뒤

B : 오늘은 비가 와요.
Il pleut.
일쁠뢰

관련단어

토네이도	**f** tornade	또흐나드
고기압	**m** anticyclone	엉띠씨끌론
한랭전선	**m** front froid	프홍 프후아
온도	**f** température	떵뻬하뛰흐
한류	**m** courant marin froid	꾸헝 마행 프후아

난류	m courant marin chaud	꾸헝 마헹 쇼
저기압	m cyclone	씨끌론
일기예보	f prévision météo	프헤비지옹 메떼오
계절	f saison	쌔종
화씨	m Fahrenheit	파하나이뜨
섭씨	m Celsius	쎌씨위쓰
연무	m brouillard	브후이야흐
아지랑이	f brume	브휨
진눈깨비	f neige fondue	내쥬 퐁뒤
강우량	f pluviosité	쁠뤼비오지떼
미풍	f brise	브히즈
돌풍	f bourrasque	부하쓰끄
폭풍	m orage	오하쥬
대기	f atmosphère	아뜨모쓰패흐
공기	m air	애흐

Unit 03 우주 환경과 오염

지구 **f** Terre 때흐 	수성 **m** Mercure 매흐퀴흐	금성 **f** Vénus 베뉴스 
화성 **m** Mars 막쓰 	목성 **m** Jupiter 쥐뻬떼흐	토성 **m** Saturne 싸뛰흔
천왕성 **m** Uranus 위하뉘쓰	명왕성 **m** Pluton 쁠뤼똥	태양계 **m** système solaire 씨스땜 쏠래흐 
외계인 extraterrestre 엑스트하떼헤스트흐 	행성 **f** planète 쁠라넷 	은하계 **f** Voie lactée 부아락떼 
북두칠성 **f** Grande Casserole 그헝드 까쓰홀 	카시오페이아 **f** Cassiopée 까씨오뻬 	
큰곰자리 **f** Grande Ourse 그헝두흐쓰	작은곰자리 **f** Petite Ourse 쁘띠뚜흐쓰	

환경 **m** environnement 엉비혼멍	**파괴** **f** destruction  데스트휙씨옹
멸망 **f** chute  쉿뜨	**재활용** **m** recyclage  흐씨끌라쥬
쓰레기 **m** déchets  데쉐	**쓰레기장** **m** dépôt d'ordures  데뽀 도흐뒤흐
하수 오물 **f** eaux usées  오위제	**폐수** **f** eaux polluées  오뽈뤼에
오염 **f** pollution  뽈뤼씨옹	**생존** **f** survie  쉬흐비
자연 **f** nature  나뛰흐	**유기체** **m** organisme 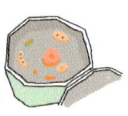 오흐가니슴
생물 être vivant  애트흐 비벙	**지구온난화** **m** réchauffement climatique  헤쇼프멍 끌리마띡

보름달 **pleine lune** 쁠랜 륀 	반달 **demi-lune** 드미륀 

초승달 **croissant** 크후아썽	유성 **météore** 메떼오흐	위도 **latitude** 라띠뛰드 
경도 **longitude** 롱쥐뛰드	적도 **Equateur** 에꾸아떼흐	일식 **éclipse de soleil** 에글립쓰 드쏠레이

관련대화

A: 명왕성이 태양계에서 소멸된 게 몇 년도죠?

Quand Pluton a-t-il disparu du système solaire?
껑쁠뤼똥 아띨 디스빠휘 뒤씨스뗌 쏠래흐

B: 2006년도요.

En 2006.
엉 되밀 씨쓰

Unit 04 동식물

포유류(mammifères) 마미패흐

사슴 **m cerf** 쎄흐	고양이 **m chat** 샤	팬더(판다) **m panda** 뼁다
사자 **m lion** 리옹	호랑이 **m tigre** 띠그흐	기린 **f girafe** 쥐핲 
곰 **m ours** 우흐쓰	다람쥐 **m écureuil** 에뀌해이으 	낙타 **m chameaux** 샤모
염소 **f chèvre** 쉐브흐	표범 **f panthère** 뺑때흐 	여우 **m renard** 흐나흐
늑대 **m loup** 루	고래 **f baleine** 발랜 	코알라 **m koala** 꼬알라 
양 **m mouton** 무똥	코끼리 **m éléphant** 엘레펑	돼지 **m porc** 뽀흐 

말 **cheval** (m) 슈발 	원숭이 **singe** (m) 쌩쥬 	하마 **hippopotame** (m) 이뽀뽀땀
얼룩말 **zèbre** (m) 제브흐 		북극곰 **ours blanc** (m) 우흐쓰 블렁 
바다표범 **panthère** (f) 뻥때흐 		두더지 **taupe** (f) 똡 
개 **chien** (m) 쉬앵 		코뿔소 **rhinocéros** (m) 히노쎄호쓰 
쥐 **rat** (m) 하 		소 **bœuf** (m) 뵈프 
토끼 **lapin** (m) 라뺑 		레드판다 **panda roux** (m) 뻥다 후 
캥거루 **kangourou** (m) 껑구후 		박쥐 **chauve-souris** (f) 쇼브쑤히 

Chapter 06 자연과 우주

곤충/거미류(Insectes/arachnides) 앵쎅뜨/아하끄니드

모기 **moustique** 무스띡	파리 **mouche** 무슈	벌 **abeille** 아베이으
잠자리 **libellule** 리베륄	거미 **araignée** 아해녜	매미 **cigale** 씨걀
바퀴벌레 **cafard** 까파흐	귀뚜라미 **grillon** 그히옹	풍뎅이 **scarabée** 스까하베
무당벌레 **coccinelle** 꼭씨넬 		반딧불이 **luciole** 뤼씨올 
메뚜기 **sauterelle** 소뜨헬 		개미 **fourmi** 푸흐미 
사마귀 **mante** 멍뜨 		나비 **papillon** 빠삐용 
전갈 **scorpion** 스꼬흐삐옹 		소금쟁이 **araignée d'eau** 아해녜 도

조류(oiseaux) 우아조

독수리 ⓜ aigle 애글 	**부엉이** ⓜ hibou 이부 
매 ⓜ faucon 포꽁 	**까치** ⓕ pie 삐 
까마귀 ⓕ corneille 꼬흐네이으 	**참새** ⓜ moineau 무아노 
학 ⓕ grue 그휘 	**오리** ⓜ canard 꺄나흐  

펭귄 ⓜ pingouin 뼁구앵	**제비** ⓕ hirondelle 이홍델	**닭** ⓜ coq 꼭
공작 ⓜ paon 뼁 	**앵무새** ⓜ perroquet 뻬호께 	**기러기** ⓕ oie sauvage 우아 쏘바쥬 
거위 ⓕ oie 우아	**비둘기** ⓜ pigeon 삐종 	**딱따구리** ⓜ pic 삑 

파충류/양서류(reptiles/amphibiens) 헵띨/엉피비앵

보아뱀 **m boa** 보아	도마뱀 **m lézard** 레자흐

이구아나 **m iguana** 이구아나	코브라 **m cobra** 꼬브하	두꺼비 **m crapaud** 크하뽀

올챙이 **m têtard** 떼따흐	도롱뇽 **f salamandre** 쌀라멍드흐	개구리 **f grenouille** 그흐누이으

악어 **m crocodile** 크호꼬딜	거북이 **f tortue**  또흐뛰	뱀 **m serpent**  쎄흐뻥

지렁이 **m ver de terre** 베흐 드 떼흐	카멜레온 **m caméléon** 까멜레옹

관련대화

A : 어떤 동물을 좋아해요?

Quel animal aimez-vous?
껠아니말 애메부

B : 저는 사슴을 좋아해요.

J'aime le cerf.
쟴 르쎄흐

A : 모기는 정말 위험한 벌레인 거 같아요.

Les moustiques semblent être des insectes très dangereux.
레무스띡 썽블애트흐 데쟁쎅뜨 트헤덩쥬회

B : 그죠, 저는 모기가 싫어요.

Eh bien, je déteste les moustiques.
에비앵, 쥬데떼스뜨 레무스띡

관련단어

더듬이	f antenne	엉뗀
번데기	f pupe	쀠쁘
알	m œuf	왜프
애벌레	f larve	라흐브
뿔	f corne	꼬흔
발톱	m ongle de pied	옹글 드삐에
꼬리	f queue	끄
발굽	m sabot	싸보
동면하다	hiberner	이베흐네
부리	m bec	벡
깃털	f plume	쁠륌
날개	f aile	앨
둥지	m nid	니

어류/연체동물/갑각류(poissons/mollusques/crustacés)
뿌아쏭/몰뤼스끄/크휘스따쎄

연어
m saumon
쏘몽

잉어
f carpe
까흐쁘

대구
f morue
모휘

붕어
m carassin
까하쌩

복어
m fugu
퓌귀

문어
f pieuvre
삐외브흐

오징어
m calamar
깔라마흐

게
m crabe
크합

꼴뚜기
m petit poulpe
쁘띠뿔쁘
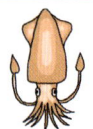

낙지
m poulpe
뿔쁘

새우
f crevette
크흐벳뜨

가재
f écrevisse
에크흐비쓰

메기
m poisson-chat
뿌아쏭샤

상어
m requin
흐깽

해파리 **méduse** (f) 메뒤즈 	조개 **coquillage** (m) 꼬끼야쥬 
불가사리 **étoile de mer** (f) 에뚜알 드 매흐	달팽이 **escargot** (m) 에스까흐고 

관련대화

A : 문어 다리가 몇 개인지 아세요?

Savez-vous combien de jambes a la pieuvre?
싸베부 꽁비앵 드 졍브 아라삐외브흐

B : 8개 아닌가요?

N'est-ce pas huit?
네쓰빠 윗뜨

A : 네, 맞아요.

Oui, c'est correct.
위, 쎄꼬헥뜨

관련단어

비늘	**écaille** (f)	에까이으
아가미	**branchies** (f)	브헝쉬
물갈퀴발	**palmure** (f)	빨뮈흐
지느러미	**nageoire** (f)	나쥬아흐

식물(꽃/풀/야생화/나무) plante(fleur/herbe/fleur sauvage/arbre) 쁠렁드(쁠뢔흐/에흐브/쁠뢔흐 쏘바쥬/아흐브흐)

무궁화
🅕 rose de Sharon
호즈 드샤혼

코스모스
🅜 cosmos
꼬스모스

수선화
🅕 jonquille
종끼으

장미
🅕 rose
호즈

데이지
🅕 marguerite
마흐그히뜨

아이리스
🅜 iris
이히스

동백꽃
🅜 camélia
까멜리아

벚꽃
🅕 fleur de cerisier
쁠뢔흐 드쓰히지에

나팔꽃
🅜 iseron
이즈홍

라벤더
🅕 lavande
라벙드

튤립
🅕 tulipe
뛸립

제비꽃
🅜 violet
비올렛

안개꽃
🅕 gypsophila elegans
집소필라 엘레겅쓰

해바라기
🅜 tournesol
뚜흔쏠

진달래 **f azalée** 아잘레	민들레 **m pissenlit** 뻬썽리
캐모마일 **m camomille** 까모미으	클로버 **m trèfle** 트헤플
강아지풀 **m vulpin** 븰뺑	고사리 **f fougère aigle** 푸줴흐 애글
잡초 **f mauvaise herbe** 모배제흐브	억새풀 **m eulalia** 외랄리아
소나무 **m pin** 뺑	메타세콰이아 **m metasequoia glyptostroboides** 메따세꾸아이아 글립또스트호보이드
감나무 **m plaqueminier** 쁠라끄미니에	사과나무 **m pommier** 뽀미에
석류나무 **m grenadier** 그흐나디에	밤나무 **m châtaignier** 샤때니에

은행나무 **m ginkgo** 찡꼬 	배나무 **m poirier** 뿌아히에 
양귀비꽃 **f fleur de pavot** 플뢔흐 드빠보 	

관련대화

A : 좋아하는 꽃이 뭐예요?

Quelle est votre fleur préférée?
껠레 보트흐 플뢔흐 프헤페헤

B : 저는 장미를 좋아해요.

J'aime les roses.
쨈 레호즈

관련단어

뿌리	**f** racine	하씬
잎	**f** feuille	푀이으
꽃봉오리	**m** bourgeon	부흐종
꽃말	**f** langue de fleurs	렁그드플뢔흐
꽃가루	**m** pollen	뽈랜

개화기	**f** floraison	플로해종
낙엽	**f** feuille morte	푀이으 모흐뜨
단풍	**m** érable	에하블
거름	**m** fumier	퓌미에
줄기	**m** tronc	트홍

Chapter 07 주거 관련

Unit 01 집의 종류

① 아파트	② 전원주택	③ 일반주택
ⓜ appartement	ⓜ cottage	ⓕ maison
아빠흐뜨멍	꼬따쥬	매종

④ 다세대주택	⑤ 오피스텔
ⓕ maison multifamiliale	ⓜ studio
매종 뮐띠파밀리알	쓰뛰디오

⑥ 오두막집	⑦ 별장	⑧ 하숙집
f cabane	**f** villa	**f** pension de famille
까반	빌라	뻥씨옹 드파미으

관련대화

A : 지금 어떤 집에서 살고 있나요?

Dans quelle maison habitez-vous maintenant?
덩껠매종 아비떼부 맹뜨넝

B : 저는 아파트에 살고 있어요.

J'habite dans un appartement.
쟈빗뜨 덩쟁나빠흐뜨멍

관련단어

살다	habiter	아비떼
주소	**f** adresse	아드헤쓰
임차인	locataire	로까때흐
임대인	propriétaire	프호프히에때흐
가정부	**f** femme de ménage	팜드메나쥬
월세	**m** loyer	루아예

Unit 02 집의 부속물

① 대문 **f** porte 뽀흐뜨	② 담 **m** mur 뮈흐	③ 정원 **m** jardin 쟈흐댕
④ 우편함 **f** boîte aux lettres 부앗또래트흐	⑤ 차고 **m** garage 갸하쥬	⑥ 진입로 **f** voie d'accès 부아닥쎄
⑦ 굴뚝 **f** cheminée 슈미네	⑧ 지붕 **m** toit 뚜아	⑨ 계단 **m** escalier 에스깔리에

⑩ 벽	⑪ 테라스	⑫ 창고
m mur	**f** terrasse	**m** entrepôt
뮈흐	떼하쓰	엉트흐뽀

⑬ 다락방	⑭ 옥상	⑮ 현관
m grenier	**m** toit en terrasse	**f** entrée
그흐니에	뚜아엉떼하쓰	엉트헤

⑯ 지하실	⑰ 위층	⑱ 아래층
f cave	**m** étage au dessus	**m** étage au-dessous
까브	에따쥬 오드쉬	에따쥬 오드수

⑲ 안마당 뜰	⑳ 기둥	㉑ 울타리
f cour	**m** pilier	**f** clôture
꾸흐	삘리에	끌로뛰흐

㉒ 자물쇠		
f serrure		
쎄휘흐		

관련대화

A : 어떤 집을 사시려고요?

Quel genre de maison voulez-vous acheter?
껠정흐드매종 불레부 아슈떼

B : 정원이 있는 집을 사려고 합니다.

Je veux acheter une maison avec un jardin.
쥬뵈자슈떼 윈매종 아벡깽쟈흐댕

Unit 03 거실용품

① 거실 🇫 salle de séjour /🇲 séjour 쌀드쎄쥬흐/쎄쥬흐	② 창문 🇫 fenêtre 프네트흐	③ 책장 🇫 bibliothèque 비블리오떽
④ 마루 🇲 parquet 빠흐께	⑤ 카펫 🇲 tapis 따삐	⑥ 테이블 🇫 table 따블
⑦ 장식장 🇫 armoire décorative 아흐무아흐 데꼬하띠브	⑧ 에어컨 🇲 climatiseur 끌리마띠쬐흐	⑨ 소파 🇲 canapé 까나뻬

⑩ 커튼 **m rideau** 히도	⑪ 달력 **m calendrier** 꺌렁드히에	⑫ 액자 **m cadre** 꺄드흐
⑬ 시계 **f horloge** 오흐로쥬	⑭ 벽난로 **f cheminée** 슈미네	⑮ 꽃병 **m vase à fleurs** 바즈 아 플뢔흐
⑯ 텔레비전 **f télévision** 뗄레비지옹	⑰ 컴퓨터 **m ordinateur** 오흐디나뙈흐	⑱ 노트북 **m ordinateur portable** 오흐디나뙈흐 뽀흐따블
⑲ 진공청소기 **m aspirateur** 아스삐하뙈흐	⑳ 스위치를 끄다 **éteindre** 에땡드흐	㉑ 스위치를 켜다 **allumer** 알뤼메

관련대화

A : 소파가 너무 이뻐요. 어디서 샀나요?

Le canapé est très joli. Où l'avez-vous acheté?
르 까나뻬 에트해졸리. 우 라베부 아슈떼

B : 이케아에서 샀어요. 이케아 물건은 싸고 이뻐요.

Je l'ai acheté chez IKEA. Ses produits sont beaux et bon marché.
쥴래아슈떼 쉐이께아. 쎄 프호뒤 쏭 보 에봉마흐쉐

Unit 04 침실용품

① 침대 **m lit** 리	② 자명종/알람시계 **m réveil** 헤베이으	③ 매트리스 **m matelas** 마뜰라
④ 침대시트 **m drap de lit** 드하들리	⑤ 슬리퍼 **f pantoufle** 뻥뚜플	⑥ 이불 **f couverture** 꾸베흐뛰흐
⑦ 베개 **m oreiller** 오헤이에	⑧ 화장대 **f coiffeuse** 꾸아푀즈	⑨ 화장품 **m produits de beauté** 프호뒤 드보떼
⑩ 옷장 **m placard** 쁠라까흐	⑪ 잠옷 **m pyjama** 삐쟈마	⑫ 쿠션 **m coussin** 꾸쌩

⑬ 쓰레기통	⑭ 천장	⑮ 전등
f poubelle	**m** plafond	**f** lampe
뿌벨	쁠라퐁	렁쁘

⑯ 스위치	⑰ 공기청정기
m commutateur	**m** purificateur d'air
꼬뮈따뙈흐	쀠히피까뙈흐 대흐

일어나다	자다
se lever	dormir
쓸르베	도흐미흐

관련대화

A : 매일 아침 몇 시에 일어나나요?

À quelle heure vous levez-vous le matin?
아껠뢔흐 부르베부 르마땡

B : 저는 아침 8시에 일어납니다.

Je me lève à 8 heures du matin.
쥬므레브 아위뙈흐 뒤마땡

Unit 05 주방

① 냉장고 **m réfrigérateur/ frigo** 헤프히줴하때흐/프히고	② 전자레인지 **m four micro- ondes** 푸흐 미크호옹드	③ 환풍기 **m ventilateur** 벙띨라때흐
④ 가스레인지 **f cuisinière à gaz** 뀌지니애흐 아갸즈	⑤ 싱크대 **m évier** 에비에	⑥ 주방조리대 **f table de cuisine** 따블 드뀌진
⑦ 오븐 **m four** 푸흐	⑧ 수납장 **f armoire** 아흐무아흐	⑨ 접시걸이선반 **f étagère à vaisselle** 에따줴흐 아배셀

⑩ 식기세척기
m lave-vaisselle
라브배쎌

관련대화

A : 환풍기 작동이 안 되네요.
   Le ventilateur ne fonctionne pas.
   르벙띨라뙈흐 느퐁씨온빠

B : 제가 수리공을 불렀어요.
   J'ai appelé un réparateur.
   좨아쁠레 앵헤빠하뙈흐

백문이 불여일견
Une image vaut
mille mots.
윈니마쥬 보밀모

Unit 06 주방용품

도마 🇫 planche à découper  쁠렁슈 아데꾸뻬	**프라이팬** poêle à frire  뿌알아프히흐
믹서기 🇲 mixeur  믹쐐흐	**주전자** 🇫 bouilloire  부이우아흐
앞치마 🇲 tablier  따블리에	**커피포트** 🇫 cafetière  까프띠에흐
칼 🇲 couteau  꾸또	**뒤집개** 🇫 spatule  스빠뛸
주걱 🇫 spatule à riz  스빠뛰 아히	**전기밥솥** 🇲 autocuiseur électrique  오또뀌쬐흐 엘렉트힉
머그컵 🇫 tasse à café  따쓰아까페	**토스터기** 🇲 grille-pain  그히으뼁
국자 🇫 louche  루슈	**냄비** 🇫 casserole  까쓰홀

수세미 🇫 éponge 에뽕쥬 	**주방세제** 🇫 liquide vaisselle 리끼드배쎌 
알루미늄호일 🇫 feuille d'aluminium 푀이으 달뤼미니옴 	**병따개** 🇲 ouvre-bouteille 우브흐부떼이으 
젓가락 🇫 baguettes 바겟뜨 	**포크** 🇫 fourchette 푸흐쉣뜨 
숟가락 🇫 cuillère 뀌이에흐	**접시** 🇫 assiette 아씨엣뜨 
소금 🇲 sel 쎌 	**후추** 🇲 poivre 뿌아브흐 
조미료 🇫 épice 애삐쓰 	**음식을 먹다** manger 멍줴 

관련대화

A : 요리는 조미료와 손맛이죠.

La cuisine dépend de l'assaisonnement et de votre compétence.
라뀌진 데뻥들라쌔존멍 에 드보트흐 꽁뻬떵쓰

B : 그렇지만 음식에 화학조미료를 너무 많이 넣는 건 좋지 않은 거 같아요.

Mais je ne pense pas qu'il soit bon de mettre trop d'assaisonnement chimique dans la nourriture.
매 쥰느 뻥쓰빠 낄수아 봉 드 매트호 트호 다쌔존멍 쉬믹 덩 라 누히뛰호

A : 그건 그래요.

C'est vrai.
쎄브해

Unit 07 욕실용품

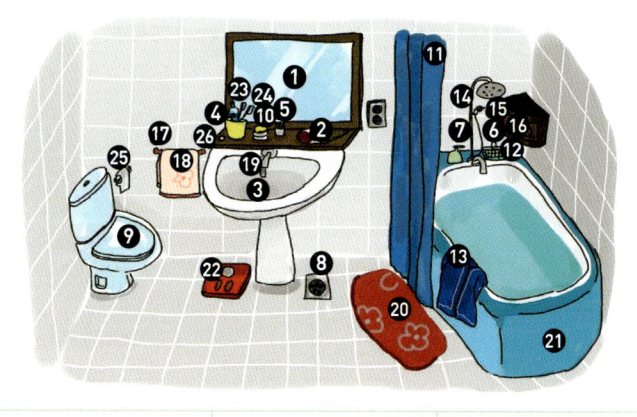

① 거울 **m miroir** 미후아흐	② 드라이기 **m sèche-cheveux** 쎄슈슈뵈	③ 세면대 **m lavabo** 라바보
④ 면도기 **m rasoir** 하주아흐	⑤ 면봉 **m coton-tige** 꼬똥띠쥬	⑥ 목욕바구니 **m panier de bain** 빠니에 드 뱅
⑦ 바디로션 **f lotion pour le corps** 로씨옹 뿌흘르꼬흐	⑧ 배수구 **f canalisation** 까날리자씨옹	⑨ 변기 **f cuvette des toilettes** 뀌벳뜨 데뚜알렛

⑩ 비누 **savon** (m) 싸봉	⑪ 욕실커튼 **rideau de douche** (m) 히도 드두슈	⑫ 빗 **peigne** (m) 뻬뉴
⑬ 샤워가운 **robe de douche** (f) 홉드두슈	⑭ 샤워기 **pomme de douche** (f) 뽐드두슈	⑮ 샴푸 **shampooing** (m) 셩뿌앵
⑯ 린스 **après-shampooing** (m) 아프헤 셩뿌앵	⑰ 수건걸이 **porte-serviette** (m) 뽀흐뜨 쎄흐비엣	⑱ 수건 **serviette de toilette** (f) 쎄흐비엣 드뚜알렛
⑲ 수도꼭지 **robinet** (m) 호비네	⑳ 욕실매트 **tapis de bain** (m) 따삐드뱅	㉑ 욕조 **baignoire** (f) 배뉴아흐
㉒ 체중계 **balance** (f) 발렁쓰	㉓ 치약 **dentifrice** (m) 덩띠프히쓰	㉔ 칫솔 **brosse à dents** (f) 브호쓰 아덩
㉕ 화장지 **papier hygiénique** (m) 빠삐에 이쥐에닉	㉖ 치실 **fil dentaire** (m) 필덩때흐	

관련대화

A : 변기에 물이 잘 내려가나요?

La chasse d'eau marche bien ?
라샤쓰도 마흐슈비앵

B : 아니요. 변기가 막혔어요.

Non. C'est bouché.
농. 쎄부쉐

관련단어

한국어	프랑스어	발음
이를 닦다	se brosser les dents	쓰브호쎄 레덩
헹구다	rincer	행쎄
씻어내다	se laver	쓰라베
말리다	se sécher	쓰쎄쉐
면도를 하다	se raser	쓰하제
머리를 빗다	se peigner	쓰뻬녜
샤워를 하다	prendre une doche	프헝드흐 윈두슈
변기에 물을 내리다	tirer la chasse d'eau	띠헤 라샤쓰도
머리를 감다	se laver les cheveux	쓰라베 레슈뵈
목욕하다(욕조에 몸을 담그고 하는)	prendre un bain	프헝드흐 앵뱅

Chapter 08 음식

Unit 01 과일

연무 **f pomme de cire** 뽐드씨흐	용안 **m longane** 롱갼	리치 **m litchi** 리취
망고 **f mangue** 멍그	비파 **f nèfle du Japon** 네플 뒤쟈뽕	구아바 **f goyave** 고야브
산사 **f aubépine** 오베삔	유자 **m citron** 씨트홍	람부탄 **m rambutan** 헝부떵
사과 **f pomme** 뽐	배 **f poire** 뿌아흐	귤 **f clémentine** 끌레멍띤
망고스틴 **m mangoustan** 멍구스떵		수박 **f pastèque** 빠스떽

복숭아 **pêche** (f) 뻬슈 	멜론 **melon** (m) 믈롱 	오렌지 **orange** (f) 오헝쥬 
레몬 **citron** (m) 시트홍 	바나나 **banane** (f) 바난 	자두 **prune** (f) 프휜 
두리안 **durian** (m) 뒤히엉 	살구 **abricot** (m) 아브히꼬 	감 **kaki** (m) 까끼 
참외 **melon jaune** (m) 믈롱 죤 	파인애플 **ananas** (m) 아나나(쓰) 	키위 **kiwi** (m) 끼위 
코코넛 **noix de coco** (m) 누아드꼬꼬 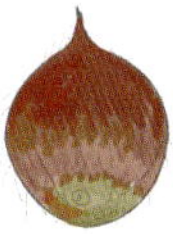	사탕수수 **canne à sucre** (f) 깐아쉬크흐 	포도 **raisin** (m) 해쟁 
밤 **châtaigne** (f) 샤때뉴 	대추 **jujube** (m) 쥐쥡 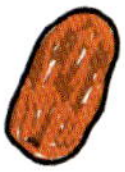	딸기 **fraise** (f) 프해즈 
건포도 **raisin sec** (m) 해쟁쎅 	체리 **cerise** (f) 쓰히즈 	

블루베리 	라임 
🇫 myrtille	🇫 lime
미흐띠으	림
무화과 	석류 
🇫 figue	🇫 grenade
피그	그흐나드

관련대화

A : 무엇을 사시겠습니까?

　Que voulez-vous acheter?
　끄불레부 아슈떼

B : 오렌지 1kg에 얼마예요?

　Combien coûte 1 kg d'oranges?
　꽁비앵 꿋뜨 앵낄로 도헝쥬

A : 10유로입니다.

　Dix euros.
　디죄호

B : 1kg 주세요.

　1kg, s'il vous plaît.
　앵낄로, 씰부쁠래

Unit 02 채소, 뿌리식물

고수나물 **f coriandre** 꼬히엉드흐 	셀러리 **m céleri** 쎌르히 	양상추 **f laitue iceberg** 래뛰 아이쓰베흐그
애호박 **f courgette** 구흐젯	당근 **f carotte** 까홋뜨	피망 **m poivron** 뿌아브홍
버섯 **m champignon** 셩삐뇽	감자 **f pomme de terre** 뽐드떼흐	고추 **m piment** 삐멍
토마토 **m tomate** 또마뜨	무 **m radis** 하디	배추 **m chou chinois** 슈쉬누아 
마늘 **m ail** 아이으	우엉 **f bardane** 바흐단	상추 **f laitue** 래뛰
시금치 **m épinards** 에삐나흐 	양배추 **m chou** 슈 	브로콜리 **m broccoli** 브호꼴리 

양파 🅜 oignon  오뇽	**호박** 🅕 citrouille  씨트후이으
고구마 🅕 patate douce  빠따뜨 두쓰	**오이** 🅜 concombre  꽁꽁브흐
파 🅜 poireau  뿌아호	**콩나물** 🅜 germes de haricots  줴흠 드 아히꼬
생강 🅜 gingembre  쟁졍브흐	**미나리** 🅜 persil japonais  뻬흐씰 쟈뽀내
옥수수 🅜 maïs  마이쓰	**가지** 🅕 aubergine  오베흐쥔
송이버섯 🅜 champignon des pins  셩삐뇽 데 뼁	**죽순** 🅕 pousse de bambou  뿌쓰 드 벙브
파슬리 🅜 persil  뻬흐씨	**도라지** 🅕 campanule  껑빠뉠

깻잎 **f** feuille de sésame 풰이으 드쎄잠 	고사리 **f** fougère 푸줴흐 
청양고추 **m** piment chili de cheongyang 삐멍 쉴리 드청냥 	팽이버섯 **f** collybie à pied velouté 꼴리비 아삐에 블루떼 
올리브 **f** olive 올리브 	쑥갓 **m** glebionis coronaria 글르비오니스 꼬호나히아
인삼 **m** ginseng 쟁셍 	홍삼 **m** ginseng rouge 쟁셍 후쥬 

관련대화

A : 피망 100g에 얼마예요?

100 g de poivrons, ça coûte combien ?
썽그함드뿌아브홍. 싸꾿 꽁비앵

B : 1유로입니다.

C'est un euro.
쎄 앤뇌호

Unit 03 수산물, 해조류

오징어
calamar (m)
깔라마흐

송어
truite (f)
트휫뜨

우럭
sébaste (m)
쎄바스뜨

가물치
poisson à tête de serpent (m)
뿌아쏭 아뗏드쎄흐뻥

고등어
maquereau (m)
마끄호

참조기
ombrine (f)
옹브힌

메기
poisson-chat (m)
뿌아쏭 샤

복어
fugu (m)
퓌귀

새우
crevette (f)
크흐벳뜨

대구
morue (f)
모휘

연어
saumon (m)
쏘몽

전복
ormeau (m)
오흐모

가리비 조개
coquille Saint-Jacques (f)
꼬끼으 쌩작

갈치
coutelas (m)
꾸뜰라
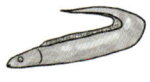

게 **crabe** (m) 크합	잉어 **carpe** (f) 까흐
붕어 **carassin** (m) 까하쌩	문어 **pieuvre** (f) 삐외브흐
가재 **écrevisse** (f) 에크흐비쓰	민어 **merlan** (m) 메흐렁
멍게 **ascidie** (f) 아씨디	성게 **oursin** (m) 우흐쌩
방어 **sériole** (f) 쎄히올	해삼 **concombre de mer** (f) 꽁꽁브흐 드매흐
명태 **merlan** (m) 메흐렁	삼치 **maquereau espagnol** (m) 마끄호 에스빠뇰
미더덕 **ascidie plissée** (f) 아씨디 쁠리쎄	굴 **huître** (f) 위트흐

광어 **ⓜ cardeau** 까흐도 	고래 **ⓕ baleine** 발랜 
북어 **ⓜ merlan séché** 메흐렁 쎄쉐 	미역 **ⓕ algue brune** 알그 브휜 

김
ⓕ feuille d'algue séchée
꽤이으 달그 쎄쉐

관련대화

A : 푸아그라를 먹어본 적 있어요?

Avez-vous déjà mangé du foie gras?
아베부 데쟈멍줴 뒤 푸아그하

B : 그럼요. 푸아그라는 정말 맛있어요.

Bien sûr. C'est vraiment bon.
비앵쉬흐. 쎄브해멍봉

Unit 04 육류

소고기 **bœuf** (m) 뵈프 	돼지고기 **porc** (m) 뽀흐 	닭고기 **poulet** (m) 뿔래
칠면조 **dindon** (m) 댕동 	베이컨 **bacon** (m) 베이컨 	햄 **jambon** (m) 정봉
소시지 **saucisse** (f) 쏘씨쓰	육포 **bœuf séché** (m) 뵈프 쎄쒜 	양고기 **agneau** (m) 아뇨 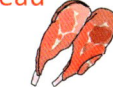

관련대화

A : 고기는 얼마나 익혀드릴까요?

Comment voulez-vous votre viande?
꼬멍 불레부 보트흐비엉드

B : 적당히 익혀주세요.

A point, s'il vous plaît.
아뿌앵, 씰부쁠래

Unit 05 음료수

콜라(코카콜라)
🅜 coca
꼬까

사이다 (스프라이트)
🅜 cidre
씨드흐

커피
🅜 café
까페

핫초코
🅜 chocolat chaud
쇼꼴라 쇼

홍차
🅜 thé
떼

녹차
🅜 thé vert
떼베흐

밀크버블티
🅜 thé à bulles de lait
떼 아뷜들래

자스민차
🅜 thé au jasmin
떼오쟈스맹

밀크티
🅜 thé au lait
떼올래

우유
🅜 lait
래

두유
🅜 lait de soja
래드쏘쟈

생수
🅕 eau en bouteille
오 엉부떼이으

오렌지주스
🅜 jus d'orange
쥐도헝쥬

레모네이드
🅕 limonade
리모나드

요구르트
🅜 yaourt
야우흐트

관련대화

A : 무엇을 드시겠습니까?

Qu'est-ce que vous voulez boire?
께쓰끄 부불레 부아흐

B : 커피 네 잔 주세요.

Quatre cafés, s'il vous plaît.
꺄트흐 까페, 씰부쁠래

A : 어떤 커피로 하시겠습니까?

Quel genre de café voulez-vous?
껠졍흐드까페 불레부

B : 어떤 종류가 있나요?

Qu'est-ce que vous avez comme café?
께쓰끄 부자베 꼼까페

A : 에스프레소와 크림커피가 있습니다.

Nous avons café expresso et café crème.
누자봉 까페엑스프헤쏘 에 까페크헴

B : 4잔 모두 에스프레소로 주세요.

On voudrait 4 expressos.
옹부드해 꺄트흐 엑스프헤쏘

Unit 06 기타식품 및 요리재료

치즈 **m** fromage 프호마쥬		**요거트** **m** yaourt 야우흐트	
아이스크림 **f** glace 글라쓰		**분유** **m** lait en poudre 래 엉뿌드흐	
버터 **m** beurre 뵈흐		**참치** **m** thon 똥	
식용유 **f** huile 윌		**간장** **f** sauce de soja 쏘쓰 드쏘쟈	
소금 **m** sel 쎌		**설탕** **m** sucre 쒸크흐	
식초 **m** vinaigre 비내그흐		**참기름** **f** huile de sésame 윌드쎄쟘	
후추 **m** poivre 뿌아브흐		**달걀** **m** œuf 왜프	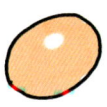

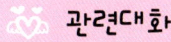 **관련대화**

A : 이 음식 식초를 많이 넣어서 새콤해서 맛있네요.

Vous avez mis beaucoup de vinaigre et il est aigre et délicieux.

부자베미 보꾸드 비내그흐 에 일에애그흐 에 델리씨외

B : 제가 새콤한 맛을 좋아해서요. 당신이 맛있게 생각해줘서 너무 기뻐요.

J'aime le goût aigre. Je suis tellement heureux que vous le trouviez délicieux.

쟁 르구애그흐. 쥬쉬뗄르멍 외회 끄 불르 트후비에 델리씨외

금강산도 식후경
Dans le ventre vide, les idées sont inutiles

덩르벙트흐비드, 레지데 쏭띠뉘띨

Unit 07 대표요리

프랑스 음식

바게뜨
🅕 baguette
바겟뜨

크루아상
🅜 croissant
크후아썽

타르트
🅕 tarte
따흐뜨

크레페
🅕 crêpe
크햅

에스카르고
🅜 escargot
에스까흐고

푸아그라
🅜 foie gras
푸아그하

햄버거
🅜 hamburger
엉버거

꼬꼬뱅
🅜 coq au vin
꼭꼬뱅

부이야베스
🅕 bouillabaisse
부이아배쓰

스테이크프리트
🅜 steak-frites
스테익프히뜨

피자
🅕 pizza
삐자

물프리트 (홍합-감자튀김)
🅕 moules-frites
물프힛뜨

칠면조 구이 **f** dinde rôtie 댕드 호띠 	핫도그 **m** hot-dog 홋독 
마카로니 앤 치즈 **m** macaroni au fromage 마까호니 오프호마쥬 	클램 차우더 **m** ragoût de palourdes 하구 드빠루흐드 
포테이토칩 **f** chips 쉽쓰 	바비큐 **m** barbecue 바흐브큐 
파스타 **f** pâtes 빳뜨 	샌드위치 **m** sandwich 썽드위취 
파니니 **m** panini 빠니니 	프라이드치킨 **m** poulet rôti 뿔레 호띠 
리조또 **m** risotto 히조또 	피시 앤 칩스 **m** fish & chips 피슈 에 쉽쓰 
와플 **f** gaufre 구프흐 	

한국식당요리

라면
m ramen
하멘

냉면
f nouilles froides
누이으 프후아드

삼계탕
samgyetang
(soupe de
poulet et de ginseng)
숲 드뿔레 에 드젱셍

된장찌개
doenjang jjigae
(ragoût de
pâte de soja)
하구 드빳드쏘쟈

청국장찌개
cheonggukjang jjigae
(riche ragoût de pâte de soja)
히슈 하구 드빳드쏘쟈

순두부찌개
sundubu jjigae
(ragoût de tofu doux)
하구 드또퓌두

부대찌개
budae jjigae
(ragoût de saucisses)
하구 드쏘씨쓰

갈비탕
galbitang
(soupe de côtes de boeuf)
숲 드꼿뜨 드뵈프

감자탕
gamjatang(ragoût
de porc épine dorsale)
하구 드뽀흐 에삔 도흐쌀

설렁탕
seolleongtang
(soupe d'os)
숲도쓰

비빔밥
bibimbap
비빔밥

돌솥비빔밥 dolsot bibimbap (bibimbap au pot de pierre chaude) 비빔밥 오뽀 드 삐에흐쇼드	**떡볶이** tteokbokki (gâteau de riz sauté) 갸또 드히쏘떼
순대 sundae (boudin coréen) 부댕 꼬헤앵	**오뎅탕** ohdengtang (soupe de gâteaux de poisson) 숲 드갸또 드뿌아쏭
찐빵 jjinppang(petit pain cuit à la vapeur) 쁘띠 뺑뀌 알라바뻬흐	**족발** Jokbal (pieds de porc) 삐에 드뽀흐
팥빙수 patbingsu (glace pilée avec haricots rouges sucrés et autres garnitures) 글라쓰 삘레 아벡아히꼬 후쥬 쒸크헤 에 오트흐 갸흐니뛰흐	
떡  gâteau de riz 갸또 드히	**해물파전**  haemul pajeon (crêpes de fruits de mer) 크헵 드프히드매흐
김밥  gimbap 김밥	**간장게장**  ganjang gejang(crabe mariné de sauce de soja) 크합 마히네 드쏘쓰드쏘쟈

김치 kimchi 김치	삼겹살 samgyeopsal (poitrine de porc grillé) 뿌아트힌 드뽀흐 그히에

관련대화

A : 무엇을 주문하시겠어요?

Qu'est-ce que vous prenez?
께쓰끄 부프허네

B : 스테이크 주세요. 바짝 익혀서 주세요.

Je voudrais un steak bien cuit, s'il vous plaît.
쥬부드해 앵스떽 비앵뀌, 씰부쁠래

Unit 08 요리방식

데치다
ébouillanter
에부이엉떼

굽다
(Pain) cuire au four /(Viande...) rôtir
(빵)뀌흐오푸흐/(비엉드...)호피흐

튀기다
faire frire
패흐 프히흐

탕/찌개
soupe / ragoût
숲/하구

찌다
faire cuire à la vapeur
패흐 뀌흐 알라바뻬흐

무치다
assaisonner
아쎄조네

볶다
sauter
쏘떼

훈제
fumer
퓌메

끓이다
faire bouillir
패흐부이이흐

삶다
bouillir
부이이흐

섞다
mélanger
멜렁줴

휘젓다
remuer
흐뮈에

밀다
aplanir
아쁠라니흐
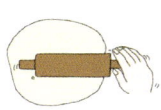

얇게 썰다
couper en tranche fine
꾸뻬 엉트헝슈핀

손질하다
préparer
프헤빠헤

반죽하다
pétrir
뻬트히흐

관련대화

A : 훈제요리 좋아하세요?

Aimez-vous les plats fumés ?
애메부 레쁠라퓌메

B : 네 좋아합니다.

Oui, je les aime.
위, 쥬레젬

A : 그럼 오늘 오리훈제 먹으러 갈래요?

Alors, on va manger du canard fumé ?
알로흐, 옹바멍줴 뒤까나흐퓌메

B : 좋지요.

D'accord.
다꼬흐

A : 오늘은 제가 한턱낼게요.

Aujourd'hui, je vous invite.
오쥬흐뒤, 쥬부쟁빗뜨.

B : 감사합니다.

Merci bien.
맥씨비앵

Unit 09 패스트푸드점

맥도날드 McDonald's 막도날드 	버거킹 Burger King 버거흐낑 	
KFC KFC 꺄에프쎄 	서브웨이 Subway 썹웨이	
피자헛 Pizza Hut 삐자엇뜨 	퀵 Quick 꿕 	
빅 페르낭 Big Fernand 빅페흐넝	메조디파스타 Mezzo Di Pasta 메조디빠스따	뽐드뺑 Pomme de pain 뽐드뺑 

관련대화

A : 오늘 맥도날드에 갈까요?

Voulez-vous aller à McDonald's aujourd'hui?
불레부 알레 아막도날드 오쥬흐뒤

B : 좋아요.

Oui, d'accord.
위, 다꼬흐

Unit 10 주류

맥주 🇫 bière 비애흐		고량주 kaoliang (vin de sorgho) 까오리엉(뱅드 쏘흐고)	
하이네켄 Heineken 하이네껜		버드와이저 Budweiser 버드바이저	
기네스 Guinness 기네스		소주 soju 쏘주	
호가든 Hoegaarden 호가흐든		밀러 Miller 밀러흐	
샴페인 🇲 champagne 셩빠뉴		양주 🇫 liqueur forte 리꽤흐 포흐뜨	

럼 🇲 rhum 험		위스키 🇲 whisky 위스끼		보드카 🇫 vodka 보드까	
데킬라 🇫 tequila 떼낄라		레드와인 🇲 vin rouge 뱅후쥬		화이트와인 🇲 vin blanc 뱅블렁	

브랜디 **ⓜ brandy** 브헌디 	마티니 **ⓜ martini** 마흐띠니 
칼바도스 **ⓜ calvados** 깔바도쓰 	사케 **ⓜ saké** 싸께 
코냑 **ⓜ cognac** 꼬냑 	막걸리 **ⓜ makgeolli** 막걸리 
동동주 **ⓜ dongdongju** 동동주 	피스코 **ⓜ pisco** 삐스꼬 
진 **ⓜ gin** 쥔 	과실주 **ⓜ vin de fruits** 뱅드프휘 
복분자주 **ⓜ vin de framboise** 뱅드프헝부아즈 	매실주 **ⓜ vin de prune** 뱅드프휜 
정종 **ⓜ vin de riz raffiné** 뱅드히하피네 	칵테일 **ⓜ cocktail** 꼭땔 

관련대화

A : 건배용
Santé.
쌍떼

B : 이 술은 몇 도인가요?
Cet alcool a quel degré ?
쎗딸꼴 아껠드그헤

A : 50도예요.
50 degrés.
쌩껑뜨 드그헤

B : 어머 엄청 높네요.
C'est terriblement fort.
쎄 떼히블멍 포흐

관련단어

과음	m abus d'alcool	아뷔달꼴
숙취	f gueule de bois	괼드부아
알콜중독	m alcoolisme	알꼴리슴
술친구	ami(e) de libations	아미드 리바씨옹

Unit 11 맛 표현

맛있는 délicieux 델리씨외		**맛없는** sans saveur 썽싸봬흐	
싱거운 fade 파드		**뜨거운** chaud 쇼	
단 sucré 쒸크헤		**짠** salé 쌀레	
매운 épicé 에삐쎄		**얼큰한** piquant 삐껑	
신 aigre 애그흐		**쓴** amer 아메흐	
떫은 âpre 아프흐		**느끼한** graisseux 그해쐬	
(곡식이나 견과류 등이) 고소한 au goût de noisette 오구드 누아젯		**담백한** léger 레줴흐	

쫄깃한
moelleux
모엘뢰

비린 냄새
odeur de poisson
오돼흐 드뿌아쏭

소화불량
indigestion
앵디줴스띠옹

관련대화

A : 이 음식 맛이 어때요?
Quel goût a ce plat ?
껠구 아쓰쁠래

B : 맛있어요.
C'est bon.
쎄봉

관련단어

씹다	mâcher	마쉐
영양분을 공급하다	nourrir	누히흐
과식하다	manger avec excès	멍줴 아벡엑쎄
먹이다	faire manger	패흐멍줴
삼키다	avaler	아발레

조금씩 마시다	boire petit à petit	부아흐 쁘띠따쁘띠
조리법	f recette	흐셋뜨
날것의	cru	크휘
썩은	pourri	뿌히
칼슘	m calcium	깔씨옴
단백질	f protéine	프호떼인
비타민	f vitamine	비따민
지방	f graisse	그해쓰
탄수화물	m glucide	글뤼씨드
입맛에 맞다	aimer le goût	애메 르구
무기질	f matière inorganique	마띠에흐 이노흐가닉
에스트로겐	m estrogène	에스트호쉔
아미노산	m acide aminé	아씨드 아미네
체지방	f graisse corporelle	그해쓰 꼬흐뽀헬
피하지방	f graisse sous-cutanée	그해쓰 쑤뀌따네
열량(칼로리)	f calorie	깔로히
영양소	m nutriment	뉘트히멍
포화지방	f graisses saturées	그해쓰 싸뛰헤
불포화지방	f graisses insaturées	그해쓰 앵싸뛰헤
포도당	m glucose	글뤼꼬즈
납	m plomb	쁠롱

Chapter 09 쇼핑

Unit 01 쇼핑 물건

의류(vêtement) 뱃뜨멍

정장 **m costume** 꼬스뜀 	청바지 **m jean** 진	티셔츠 **m T-shirt** 티셔흐트
원피스 **f robe** 홉	반바지 **m short** 쇼흐뜨	치마 **f jupe** 쥡
조끼 **m gilet** 쥘레	남방 **f chemise décontractée** 슈미즈 데꽁트학떼	와이셔츠 **f chemise** 슈미즈
재킷 **f veste** 베스뜨	운동복 **m vêtement de sport** 뱃뜨멍 드스뽀흐	
오리털잠바 **f veste en duvet** 베스뜨 엉뒤베 	스웨터 **m pull-over** 뿰오베흐 	

우의 **m imperméable** 앵뻬흐메아블 	내복 **m sous-vêtements** 수뱃뜨멍 
속옷 **f lingerie** 랭쥬히 	팬티 **f culotte** 뀔롯뜨 
교복 **m uniforme scolaire** 위니포흠 스꼴래흐 	레이스 **f dentelle** 덩뗄 
단추 **m bouton** 부똥 	바지 **m pantalon** 빵딸롱 
버클 **f boucle** 부끌 	브래지어 **m soutien-gorge** 쑤띠앵 고흐쥬 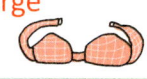
블라우스 **m chemisier** 슈미지에 	셔츠 **f chemise** 슈미즈 
소매 **f manche** 멍슈 	외투 **f manteau** 멍또 

지퍼
🔵 fermeture éclair
패흐므뛰흐 에끌래흐

잠옷
🟦 pyjama
삐쟈마

파티용 드레스
🔵 robe de soirée
홉드수아헤

한복
hanbok(habit traditionnel coréen)
아비 트하디씨오넬 꼬헤앵

신발, 양말

신발
🔵 chaussures
쇼쉬흐

운동화
🔵 chaussures de tennis
쇼쉬흐 드떼니쓰

구두
🔵 chaussures
쇼쉬흐

부츠
🔵 bottes
봇드

슬리퍼
🟦 chaussons
쇼쏭

조리
🔵 claquettes
끌라껫

(비 올 때 신는) 장화
🔵 bottes de pluie
봇뜨 드 쁠뤼

양말
🔵 chaussettes
쇼쎗

스타킹
🟦 bas, collant
바, 꼴렁

샌들
🔵 sandales
썽달

166

기타 액세서리

모자
- m chapeau
- 샤뽀

가방
- m sac
- 싹

머리끈
- m élastique
- 엘라스띡

귀걸이
- f boucle d'oreille
- 부끌 도헤이으

반지
- m anneau
- 아노

안경
- f lunettes
- 뤼넷

선글라스
- f lunettes de soleil
- 뤼넷드쏠레이으

지갑
- m porte-feuille
- 뽀흐뜨 쾌이으

목도리
- f écharpe
- 에샤흡

스카프
- m foulard
- 풀라흐

손목시계
- f montre
- 몽트흐

팔찌
- m bracelet
- 브하쓸레

넥타이
- f cravate
- 크하밧

벨트
- f ceinture
- 쌩뛰흐

장갑
- m gants
- 겅

양산
- f ombrelle
- 옹브헬

목걸이
- m collier
- 꼴리에

브로치
- f broche
- 브호슈

| 손수건
m mouchoir
무슈아흐  | 머리핀
f barrette
바헷뜨 |

기타용품

비누 **m savon** 싸봉 	가그린 **m Gageurin** 가그힌 	물티슈 **f lingette humide** 랭젯 위미드
생리대 **f serviettes hygiéniques** 세흐비엣 이쥐에닉	기저귀 **f couche** 꾸슈	우산 **m parapluie** 빠하쁠뤼
담배 **f cigarette**  씨갸헷뜨	라이터 **m briquet** 브히께	건전지 **f batterie** 바뜨히 
쇼핑백 **m sac de shopping** 삭드쇼삥	종이컵 **f tasse en papier** 따스 엉빠삐에 	
컵라면 **f nouilles instantannées en barquette** 누이으 앵스떵따네 엉바흐껫	모기약 **m anti-moustiques** 엉띠무스띡	

방취제 **m** désodorisant 데조도히정 	**면도크림** **f** crème à raser 크햄 아하제	
면도날 **f** lame de rasoir 람드하주아흐 	**로션** **m** lotion 로씨옹 	
썬크림 **f** crème solaire 크햄 쏠래흐	**샴푸** **m** shampooing 셩뿌앵	**린스** **m** après-shampooing 아프헤 셩뿌앵
치약 **m** pâte dentifrice 빳뜨 덩띠프히쓰 	**칫솔** **f** brosse à dents 브호쓰 아덩 	**손톱깎이** **m** coupe-ongles 꿉 옹글
화장지 **m** papier de toilette 빠삐에 드 뚜알렛	**립스틱** **m** rouge à lèvres 후쥬아레브흐 	
비비크림 **f** BB crème 베베크햄 	**파운데이션** **m** fond de teint 퐁드땡 	
빗 **m** peigne 뻬뉴 	**사탕** **m** bonbon 봉봉 	

껌 m chewing-gum 슈잉검 	**초콜릿** m chocolat 쇼꼴라 	**아이섀도** m fard à paupières 파흐 아뾔뻬에흐
매니큐어 m vernis à ongles 베흐니 아옹글 	**향수** m parfum 빠흐팽 	
마스카라 m mascara 마스까하 	**파스** m décontractant musculaire 데꽁트학떵 뮈스뀔래흐 	
카메라 m appareil photo 아빠헤이으 포또	**붓** f brosse 브호쓰 	**책** m livre 리브흐 
거울 m miroir 미후아흐	**핸드폰 케이스** f coque de téléphone 꼭 드 뗄레폰	
옥 m jade 쟈드 	**금** m or 오흐 	**은** m argent 아흐정
청동 m bronze 브홍즈 	**에센스** f huile essentielle 윌 에썽씨엘 	

수분크림
🇫 crème hydratante
크헴 이드하떵뜨

영양크림
🇫 crème nourrissante
크헴 누히썽뜨

관련대화

A : 청바지는 어디에서 파나요?

Où puis-je acheter des jeans?
우쀠쥬 아슈떼 데쥔

B : 2층에서 팝니다.

Au deuxième étage.
오되지앰 에따쥬

C : (2층 점원) 무엇을 도와드릴까요?

Que puis-je faire pour vous?
끄쀠쥬 패흐 뿌흐부

A : 청바지를 사려고 합니다. 구경 좀 할게요.

Je voudrais acheter des jeans. Je peux les voir?
쥬부드해 아슈떼 데쥔. 쥬쁴르부아흐

C : 물론이죠. 여기 있습니다. 편하게 보세요.

Bien sûr. Les voici. Je vous laisse regarder.
비앵쉬흐. 레부아씨. 쥬불래쓰 흐갸흐데

관련단어

한국어	프랑스어	발음
짝퉁제품	f marchandise contrefaite	마흐셩디즈 꽁트흐팻
바코드	m code-barres	꼬드바흐
계산원	f caissière	깨씨흐
선물	m cadeau	꺄도
상표	f marque	마흐끄
현금	m argent	아흐정
지폐	m billet	비에
동전	f pièce de monnaie	삐에쓰 드모내
환불	m remboursement	헝부흐쓰멍

콩 심은 데 콩 나고 팥 심은 데 팥 난다.
D'un sac à charbon ne peut sortir blanche farine.
댕싹 아샤흐봉 느쀠소흐띠흐 블렁슈 파힌

Unit 02 색상

빨간색 **m** rouge 후쥬	주황색 **m** orange 오헝쥬	노란색 **m** jaune 죤
초록색 **m** vert 베흐	파란색 **m** bleu 블뢰	남색 **m** indigo 앵디고
보라색 **m** violet 비올레	상아색 **m** ivoire 이부아흐	황토색 **m** ocre 오크흐
검은색 **m** noir 누아흐	회색 **m** gris 그히	흰색 **m** blanc 블렁
갈색 **m** brun 브헹	분홍색 **m** rose 호즈	

관련대화

A : 좋아하는 색깔이 뭐예요?
Quelle couleur aimez-vous?
껠꿀뢔흐 애메부

B : 저는 파란색을 좋아해요. 파란색을 보면 마음이 편해져요.
J'aime le bleu. Cela me fait sentir mieux.
쟴 르블뢰. 쓸라 므패 썽띠흐 미외

A : 그래요? 저는 초록색을 보면 마음이 편해지더라고요.
Ah oui? Moi, je me sens mieux quand je vois le vert.
아위 무아 쥬므썽미외 껑쥬부아르베흐

관련단어

의상	m habit	아비
직물	m tissu	띠쉬
감촉	m toucher	뚜쉐
모피	f fourrure	푸휘흐
단정한	décent(e)	데썽(뜨)
방수복	m vêtement imperméable	벳뜨멍 앵뻬흐메아블
차려입다	s'habiller	싸비에
장식하다	orner	오흐네
사치	luxe	뤽쓰
어울리는	assortissant(e)	아쏘흐띠썽(뜨)

Unit 03 구매 표현

이것 ceci 쓰씨	**저것** cela 쓸라
더 화려한 plus coloré 쁠뤼 꼴로해	**더 수수한** plus simple 쁠뤼 생쁠
더 큰 plus grand 쁠뤼 그헝	**더 작은** plus petit 쁠뤼 쁘띠
더 무거운 plus lourd 쁠뤼 루흐	**더 가벼운** plus léger 쁠뤼 레줴
더 긴 plus long 쁠뤼 롱 	**더 짧은** plus court 쁠뤼 꾸흐 
유행상품 produits à la mode 프호뒤 알라모드	**다른 종류** autre type 오트흐 띱
다른 디자인 autre style 오트흐 스띨 	**다른 색깔** autre couleur 오트흐 꿀래흐 

더 싼 moins cher 무앵 쉐흐 	더 비싼 plus cher 쁠뤼 쉐흐 
신상품 nouveau produit 누보 프호뒤	세일 상품 produit en solde 프호뒤 엉쏠드
입다 porter, mettre 뽀흐떼, 매트흐 	신다 porter, mettre 뽀흐떼, 매트흐 
메다 mettre 매트흐 	먹다 manger 멍줴 
바르다 mettre 매트흐 	들다 porter 뽀흐떼 
만지다 toucher 뚜쉐 	쓰다 mettre 매트흐 
착용하다 mettre 매트흐 	몇몇의 quelques 껠끄 

관련대화

A : 이걸로 할게요. 얼마인가요?

Je vais prendre ça. C'est combien?
쥬배 프헝드흐싸. 쎄꽁비앵

B : 10유로입니다.

C'est 10 euros.
쎄 디죄호

관련단어

쇼핑몰	m centre commercial	썽트흐 꼬메흐씨알
상품	f marchandise	마흐셩디즈
하자가 있는	défectueux(se)	데펙뛰외(즈)
환불	m remboursement	헝부흐쓰멍
구입하다	acheter	아슈떼
영수증	m reçu	흐쒸
보증서	f garantie	갸헝띠
세일	f soldes	쏠드
계산대	f caisse	께쓰
저렴한	bon marché	봉마흐쉐
품절된	épuisé(e)	에쀠제
재고정리	f liquidation du stock	리끼다씨옹 뒤스똑
신상품	f nouveauté	누보떼
공짜의	gratuit(e)	그하뛰(뜨)

Chapter 10 도시

Unit 01 자연물 또는 인공물

강 **f rivière** 히비에흐		과수원 **m verger** 베흐줴	
나무 **m arbre** 아흐브흐		논 **f rizière** 히지에흐	
농작물 **f culture** 뀔뛰흐		동굴 **f grotte** 그홋	
들판 **f campagne** 껑빠뉴		바다 **f mer** 매흐	
밭 **m champs** 셩		사막 **m désert** 데제흐	

산 **f montagne** 몽따뉴	섬 **f île** 일
삼림 **f forêt** 포헤	습지 **m marais** 마헤
연못 **m étang** 에떵	저수지 **m réservoir** 헤제흐부아흐
초원 **f prairie** 프해히	폭포 **f chute d'eau** 쉿뜨도
해안 **f côte** 꼿	협곡 **f gorge** 고흐쥬
호수 **m lac** 락	목장 **m pâturage** 빠뛰하쥬
바위 **m rock** 혹	

관련대화

A : 사막에 가본 적이 있나요?
Êtes-vous déjà allé au désert?
앳부 데쟈알레 오데재흐

B : 네, 가본 적이 있어요.
Oui, j'y suis allé.
위, 쥐쒸알레

관련단어

한국어	프랑스어	발음
수확하다	moissonner	무아쏘네
씨를 뿌리다	semer	쓰메
온도	f température	떵뻬하뛰흐
지평선, 수평선	m horizon	오히종
화석	m fossile	포씰
습도	f humidité	위미디떼
대지	f terre	떼흐
모래	m sable	싸블
산등성이	f crête	크헷

Unit 02 도시 건축물

우체국  **f** poste / **m** bureau de poste 뽀스뜨/뷔호드뽀스뜨	은행 **f** banque 벙끄
	경찰서 **m** poste de police 뽀스뜨 드 뽈리쓰 
병원 **m** hôpital 오삐딸 	편의점 **f** supérette 쒸뻬헷 
호텔 **m** hôtel 오뗄 	서점 **f** librairie 리브해히 
백화점 **m** grand magasin 그헝 마가쟁	노래방 **m** Karaoke 까하오께 
커피숍 **m** café 까페 	영화관 **m** cinéma 씨네마 
문구점 **f** papeterie 빠쁘뜨히 	제과점 **f** boulangerie 불렁쥬히 
놀이공원 **m** parc d'attractions 빠다트학씨옹 	주유소 **f** station-service 스따씨옹 쎄흐비쓰 

성당 🇫 cathédrale 까떼드할 	**교회** 🇫 église 에글리즈 	
번화가 🇲 centre-ville 썽트흐빌	**미술관** 🇲 musée / 🇫 galerie d'art 뮈제/걀르히 다흐	**학교** 🇫 école 에꼴 
이슬람사원 🇫 mosquée 모스께	**분수** 🇫 fontaine 퐁땐 	**공원** 🇲 parc 빠흑 
댐 🇲 barrage 바하쥬	**정원** 🇲 jardin 쟈흐댕	**사우나** 🇲 sauna 쏘나 
식물원 🇲 jardin botanique  쟈흐댕 보따닉	**동물원** 🇲 zoo 조 	
광장 🇫 place  쁠라쓰	**다리** 🇲 pont  뽕	
박물관 🇲 musée  뮈제	**기념관** 🇲 mémorial  메모히알	

약국 **f** pharmacie  파흐마씨	소방서 **f** caserne de pompiers 까제흔 드뽕삐에
도서관 **f** bibliothèque  비블리오떽	미용실 **m** salon de beauté 쌀롱 드보떼
관광안내소 **m** office de tourisme 오피쓰 드뚜히슴	세탁소 **f** blanchisserie  블렁쉬쓰히
PC방 **m** cybercafé  씨베흐까페	목욕탕 **m** bains publics  뱅쀠블릭
발마사지샵 **f** salle de massage de pieds 쌀드마사쥬 드삐에	마사지샵 **f** salle de massage  쌀드마사쥬

관련대화

A : 프랑스에도 한국식 사우나가 있나요?

Est-ce qu'il y a un sauna coréen en France?
애쓰낄리아 앵쏘나꼬헤앵 엉프헝쓰

B : 아닐걸요.

Je ne crois pas.
쥰크후아빠

Chapter 11 스포츠, 여가

Unit 01 운동

볼링 **m bowling** 불링 	암벽등반 **f escalade** 에스깔라드 
활강 **f descente** 데썽뜨 	패러글라이딩 **m parapente** 빠하뻥드 
번지점프 **m saut à l'élastique** 쏘 아렐라스띡	낚시 **f pêche** 뻬슈 
인공암벽 **m mur d'escalade** 뮈흐 데스깔라드 	바둑 **m go** 고 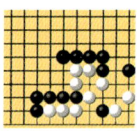

카레이싱  **f course automobile** 꾸흐쓰 오또모빌	윈드서핑 **f planche à voile** 쁠렁슈 아부알	골프 **m golf** 골프 

테니스 **m** tennis 떼니쓰 	스키 **m** ski 스끼	유도 **m** judo 쥐도 
체조 **f** gymnastique 쥠나스띡 		승마 **f** équitation 에끼따씨옹 
축구 **m** football 풋볼 		배구 **m** volley-ball 볼래볼 
야구 **m** base-ball 베즈볼 		농구 **m** basket-ball 바스껫볼 
탁구 **m** tennis de table 떼니스드따블 		검술 **f** escrime 에스크힘 
수영 **f** natation 나따씨옹 		경마 **f** course de chevaux 꾸흐쓰 드슈보 
권투 **f** boxe 복쓰 		태권도 **m** Taekwondo 때꿘도 

Chapter 11 스포츠, 여가

검도 **m kendo** 껜도 	**무에타이** **Muay Thai** 뮈애따이 
격투기 **m art martial** 아흐 마흐씨알 	**씨름** **f lutte** 륏뜨 
당구 **m billard** 비야흐 	**배드민턴** **m badminton** 받밍톤 
럭비 **m rugby** 휙비 	**스쿼시** **m squash** 스꾸아슈 
아이스하키 **m hockey sur glace** 오깨 쉬흐글라쓰 	**핸드볼** **m handball** 핸볼 
등산 **m alpinisme** 알삐니슴 	**인라인스케이팅** **m patin à roues alignées** 빠땡 아후알리녜 
조정 **m canotage** 까노따쥬 	**사이클** **m vélo** 벨로 

요가 **m** yoga 요가	스카이다이빙 **m** parachutisme 빠하쉬띠슴
행글라이딩 **m** deltaplane  델따블란	피겨스케이팅 **m** patinage artistique  빠띠나쥬 아흐띠스띡
롤러스케이팅 **m** patinage à roulettes  빠띠나쥬 아훌렛뜨	양궁 **m** tir à l'arc  띠흐아락
스노클링 **f** plongée en apnée 쁠롱줴 엉나쁘네	스쿠버다이빙 **f** plongée sous-marine  쁠롱줴 수마힌

해머던지기 **m** lancement de marteau 렁쓰멍 드마흐또	멀리뛰기 **m** saut en longueur  쏘엉롱꽤흐	창던지기 **m** lancement du javelot  렁쓰멍 뒤쟈블로

마라톤 **m** marathon  마하똥	펜싱 **f** escrime  에스크힘
쿵푸 **m** Kung Fu  꿍푸	합기도 **m** Aïkido  아이끼도

공수도 **m karaté** 까하떼 	레슬링 **m catch** 까츄 
스모 **m sumo** 수모 	줄넘기 **m saut à la corde** 쏘 알라꼬흐드 
뜀틀 **m cheval de saut d'obstacles** 슈발 드쏘 돕스따끌 	에어로빅 **m aérobic** 아에호빅 
아령운동 **m haltères** 알때흐 	역도 **f haltérophilie** 알떼호필리 

💕 관련대화

A : 무슨 운동을 좋아하세요?

Quel sport aimez-vous?
껠 스뽀흐 애메부

B : 저는 볼링을 좋아해요.

J'aime le bowling.
쟴 르불링

A : 배우고 싶은 운동은 있나요?

Est-ce que vous avez un sport que vous voulez apprendre?
에스끄 부자베 앵스뽀흐 끄부불레 아프헝드흐

B : 스키 타는 법을 배우고 싶어요.

Je voudrais apprendre à faire du ski.
쥬부드해 아프헝드흐 아패흐 뒤스끼

관련단어

한국어	프랑스어	발음
야구공	f balle de baseball	발드베이즈볼
야구방망이	m baton de baseball	바똥 드베이즈볼
축구공	f balon de football	발롱 드풋볼
축구화	f chaussures de football	쇼쒸흐 드풋볼
글러브	m gant de baseball	겅드 베이즈볼
헬멧	m casque	까스끄
테니스공	f balle de tennis	발드떼니스
라켓	f raquette	하껫
수영복	m maillot de bain	마이오 드뱅
튜브	m tube	뜁
수영모	m bonnet de bain	보네드뱅
러닝머신	m tapis de course	따삐드꾸흐쓰
코치	m entraîneur	엉트해내흐
유산소운동	m exercice aérobique	에그제흐씨쓰 아에호빅
무산소운동	m exercice anaérobique	에그제흐씨쓰 아나에호빅
근력운동	f musculation	뮈스뀔라씨옹
호흡운동(숨쉬기운동)	m exercice de respiration	에그제흐씨쓰 드헤스삐하씨옹
수경	f lunettes de piscine	뤼넷뜨 드삐씬

Unit 02 오락, 취미

영화 감상
voir un film
부아흐 앵필름

음악 감상
écouter de la musique
에꾸떼 들라뮈직

여행
m voyage
부아야쥬

독서
f lecture
렉뛰흐

춤추기
danser
덩쎄

노래 부르기
chanter
성떼

운동
m sport
스뽀흐

등산
m alpinisme
알삐니슴

수중잠수
f plongée sous-marine
쁠롱줴 수마힌

악기 연주
jouer d'un instrument de musique
주에 댕냉스트휘멍 드뮈직

요리
faire la cuisine
패흐라뀌진

사진 찍기
faire des photos
패흐데포또

정원 가꾸기
m jardinage
쟈흐디나쥬

우표 수집 **f collection de timbres** 꼴렉씨옹 드 땡브흐 	낚시 **f pêche** 뻬슈 
십자수 **m point de croix** 뿌앵드크후아 	TV 보기 **regarder la télé(vision)** 흐갸흐데 라뗄레(비지옹) 
드라이브 **conduire** 꽁뒤흐 	빈둥거리기 **mener une vie oisive** 므네 윈비우아지브 
인터넷서핑 **surfer sur Internet** 써흐페 쉬흐앵떼흐넷 	게임 **m jeu** 죄 
아이쇼핑하기 **faire du lèche-vitrines** 패흐 뒤 레슈비트힌 	캠핑 가기 **faire du camping** 패흐뒤꺙뼁 
포커 **m poker** 뽀께흐 	장기 **m jeu d'échec coréen** 죄데쉑 꼬헤앵 

도예 **f** poterie 뽀뜨히 	뜨개질 **m** tricot 트히꼬 
맛집 탐방 aller au bon restaurant 알레 오봉헤스또헝 	일하기 travailler 트하바이에

관련대화

A : 취미가 뭐예요?

　Quel est votre passe-temps?
　껠레 보트흐빠쓰떵

B : 저는 영화 보는 걸 좋아해요.

　J'aime voir des films.
　쨈부아흐 데필름

A : 주말에는 뭐하세요?

　Que faites-vous le week-end?
　끄팻부 르위껜드

B : 독서해요.

　Je lis des livres.
　쥬리 데리브흐

Unit 03 악기

기타	피아노	색소폰
f guitare	**m** piano	**m** saxophone
기따흐	삐아노	싹쏘폰

플루트	하모니카	클라리넷
f flûte	**m** harmonica	**f** clarinette
플륏	아흐모니까	끌라히넷

트럼펫	하프
f trompette	**f** harpe
트홍뻿	아흐쁘

첼로	아코디언
m violoncelle	**m** accordéon
비올롱쎌	아꼬흐데옹

드럼	실로폰
f batterie	**m** xylophone
밧뜨히	그질로폰

거문고	가야금
Geomungo (Cithare coréenne avec six cordes)	Gayageum (Cithare coréenne avec douze cordes)
씨따흐 꼬헤앤 아벡씨 꼬호드	씨따흐 꼬헤앤 아벡두즈 꼬호드

Chapter 11 스포츠, 악기

대금  Daegeum (Flûte large coréenne en bambou) 플륏 라흐쥬 꼬헤앤 엉병부	장구  Janggu (Tambour coréen à deux têtes) 떵부흐 꼬헤앵 아되떳뜨
징 Jing(gong large) 공그 라흐쥬	해금  Haegeum (violon coréen) 비올롱 꼬헤앵
단소 ⓜ danso(Petite flûte de bambou) 쁘띳플륏 드벙부	리코더 ⓕ flûte à bec 플륏 아벡

오카리나 ⓜ ocarina 오까히나	바이올린 ⓜ violon  비올롱	비올라 ⓜ alto/ ⓕ viole  알또/비올

관련대화

A : 어떤 악기를 다룰 줄 아세요?

De quels instruments pouvez-vous jouer?
드 껠쟁스트휘멍 뿌베부 쥬에

B : 저는 피아노를 다룰 수 있어요.

Je peux jouer du piano.
쥬쀠 쥬에 뒤삐아노

Unit 04 여가

휴양하다 se reposer 쓰흐뽀제 	관광하다 faire du tourisme 패흐 뒤뚜히슴 
기분전환하다 se distraire 쓰디스트해흐 	참관하다 visiter 비지떼 
탐험하다 explorer 엑쓰쁠로헤 	건강관리 ⓜ soins médicaux 수앵 메디꼬 

관련대화

A : 기분이 안 좋을 때 어떻게 기분전환 하시나요?
　Qu'est-ce que vous faites quand vous vous sentez mal?
　께쓰끄 부팻 껑부부썽떼말

B : 저는 여행을 가면 기분이 나아져요.
　Si je voyage, je me sens mieux.
　씨쥬부아야쥬, 쥬므썽미외

Unit 05 영화

영화관 **m** cinéma 씨네마 	매표소 **f** billetterie 비에뜨히 
히트작 **m** film de succès 필름 드 쒹쎄	매점 **m** kiosque 끼오스끄 
공포영화 **m** film d'horreur 필름 도햬흐 	코미디영화 **f** comédie 꼬메디 
액션영화 **m** film d'action 필름 닥씨옹 	어드벤처영화 **m** film d'aventure 필름 다벙뛰흐 
스릴러영화 **m** thriller/film de suspense 쓰힐레흐/필름 드 쉬스뻰쓰 	주연배우 acteur(trice) principal(e) 악뙤흐(트히스)프행씨빨 
조연배우 acteur(trice) secondaire 악뙤흐(트히스) 쓰공대흐 	남자주인공 **m** héros 에호 

여자주인공 🅵 héroïne 에호인 	영화사 🅵 entreprise cinématographique 엉트흐프히즈 씨네마또그하픽 
감독 🅼 réalisateur 헤알리자때흐 	

💬 관련대화

A : 스릴러 영화 좋아하세요?

Aimez-vous les films de suspense?
애메부 레필름드쉬스뻰쓰

B : 아니요. 저는 무서운 건 싫어요. 저는 로맨틱영화를 좋아합니다.

Non. Je déteste les choses effrayantes. J'aime les films romantiques.
농. 쥬데떼스뜨 레쇼즈 제프헤이엉뜨. 쟴 레필름 호멍띡

💬 관련단어

뮤지컬영화	🅼 film musical	필름 뮈지깔
다큐멘터리영화	🅼 (film) documentaire	(필름) 도뀌멍때흐
로맨틱영화	🅼 film romantique	필름 호멍띡

Part 2

여행 단어

Chapter 01. 공항에서
Chapter 02. 입국심사
Chapter 03. 숙소
Chapter 04. 교통
Chapter 05. 관광

Chapter 01 공항에서

Unit 01 공항

국내선
vol domestique
볼 도메스띡

국제선
vol international
볼 앵떼흐나씨오날

탑승창구
comptoir d'enregistrement
꽁뚜아흐 덩흐쥐스트흐멍

항공사
compagnie aérienne
꽁빠니 아에히엔

탑승수속
enregistrement
엉흐쥐스트흐멍

항공권
billet d'avion
비에다비옹

여권
passeport
빠쓰뽀흐

탑승권
carte d'embarquement
까흐뜨 덩바흐끄멍

금속탐지기
détecteur de métaux
데떽때흐 드메또

창가좌석
siège côté fenêtre
씨에쥬 꼬떼 프네트흐

통로좌석 **f siège côté couloir** 씨에쥬 꼬떼 꿀루아흐 	위탁수하물 **m bagage enregistré** 바가쥬 엉흐쥐스트헤 
수하물 표 **f étiquette bagage** 에디껫 바가쥬 	초과 수하물 운임 **m supplément bagage** 쒸쁠레멍 바가쥬 
세관 **f douane** 두안 	신고하다 **déclarer** 데끌라헤 
출국신고서 **m formulaire de départ** 포흐뮐래흐 드데빠흐 	면세점 **f boutique hors taxes** 부띡 오흐딱쓰 
입국심사 **f inspection de l'immigration** 앵스뻭씨옹 드리미그하씨옹 	여행자 휴대품 신고서 **m formulaire de déclaration de douane** 포흐뮐래흐 드데끌라하씨옹 드두안
비자 **m visa** 비자	세관원 **m douanier** 두아니에 

관련대화

A : 여권과 신고서를 보여주세요. 신고할 물건이 있나요?

Veuillez me montrer votre passeport et votre formulaire de déclaration. Avez-vous quelque chose à déclarer?

봬이에 므몽트해 보트흐 빠쓰뽀흐 에 보트흐 포흐뮐래흐 드데끌라하씨옹. 아베부 껠끄 쇼즈 아데끌라헤

B : 신고할 물건이 없습니다.

Il n'y a rien à déclarer.

인니아히앵 아데끌라헤

A : 가방을 열어주시겠어요?

Pourriez-vous ouvrir votre sac?

뿌히에부 우브히흐 보트흐싹

B : 이것은 개인 소지품입니다.

Ce sont mes affaires personnelles.

쓰쏭 메자패흐 뻬흐쏜넬

관련단어

목적지	f destination	데스띠나씨옹
도착	f arrivée	아히베
방문 목적	m but de la visite	뷔뜨들라비지뜨
체류기간	f durée du séjour	뒤헤 뒤쎄쥬흐
입국 허가	m droit d'entrée	드후아 덩트헤
검역소	f quarantaine	까헝땐
수하물 찾는 곳	m tapis roulant à bagages	따삐훌렁 아바가쥬
리무진 버스	f limousine	리무진

Unit 02 기내 탑승

① 창문 f fenêtre 프네트흐	② 승무원 m équipage 에끼빠쥬
③ 머리 위의 짐칸 m compartiment à bagages 꽁빠흐띠멍 아바가쥬	④ 에어컨 m climatiseur 끌리마띠좨흐
⑤ 조명 m éclairage 에끌래하쥬	⑥ 모니터 m moniteur 모니떼흐
⑦ 좌석(자리) m siège 씨에쥬	⑧ 구명조끼 m gilet de sauvetage 쥘레 드쏘브따쥬
⑨ 호출버튼 m bouton d'appel 부똥 다뻴	⑩ (기내로 가져온) 짐 m bagage cabine 바가쥬 까빈

⑪ **안전벨트**
🇫 ceinture de sécurité
쌩뛰흐 드쎄뀌히떼

⑫ **통로**
🇲 couloir
꿀루아흐

⑬ **비상구**
🇫 sortie de secours
쏘흐띠 드쓰꾸흐

⑭ **화장실**
🇫 toilettes
뚜알렛뜨

⑮ **이어폰**
🇲 écouteur
에꾸때흐

① **조종실**
🇫 cabine de pilotage
까빈드 삘로따쥬

② **기장**
🇲 pilote, commandant de bord
삘롯, 꼬멍덩 드보흐

③ **부기장**
🇲 copilote
꼬삘롯

④ **활주로**
🇲 piste d'atterrissage
삐스뜨 다떼히싸쥬

관련대화

A : 자리를 좀 찾아주시겠어요?
Pourriez-vous trouver ma place?
뿌히에부 트후베 마쁠라쓰

B : 오른쪽 앞에서 5번째 창가 좌석이십니다.
C'est le cinquième siège à droite du côté de fenêtre.
쎄 르쌩끼앰 씨에쥬 아드후앗뜨 뒤꼬떼 드프네트흐

A : 감사합니다.
Merci.
멕씨

B : 별 말씀을요.
Je vous en prie.
쥬부정프히

관련단어

도착 예정 시간	f heure d'arrivée prévue	왜흐 다히베 프헤뷔
이륙하다	décoller	데꼴레
착륙하다	atterrir	아떼히흐
무료 서비스	m service gratuit	쎄흐비쓰 그하뛰
(화장실 등이) 사용중	occupé	오뀌뻬
금연 구역	f zone non fumeur	존 농퓌뫠흐

시차 피로	m décalage horaire	데깔라쥬 오해흐
~를 경유하여	via	비아
직항	m vol direct	볼 디헥
좌석 벨트를 매다	attacher sa ceinture de sécurité	아따쉐 싸 쎙뛰흐 드 쎄뀌히떼
연기, 지연	m retard	흐따흐

말이 많은 사람은 거짓말도 많다.
Un grand locuteur est
un grand menteur.
앵그헝 로뀌뙈흐 에 땡그헝멍뙈흐

Unit 03 기내 서비스

| 신문 **journal** 쥬흐날  | 면세품 목록 **liste en franchise de droits** 리스뜨 엉프헝쒸즈 드드후아 |

| 잡지 **magazine** 마가진 | 담요 **couverture** 꾸베흐뛰흐 | 베개 **oreiller** 오헤이에 |

| 입국카드 **carte de débarquement** 까흐뜨 드데바흐끄멍  | 티슈 **mouchoir en papier** 무슈아흐 엉빠삐에  |

| 음료수 **boisson** 부아쏭  | 기내식 **repas à bord** 흐빠 아보흐 | 맥주 **bière** 비에흐  |

| 와인 **vin** 뱅  | 물 **eau** 오  |

| 커피 **café** 까페  | 차 **thé** 떼  |

관련대화

A : 무엇으로 드시겠어요?

Qu'est-ce que vous voulez prendre ?
께쓰끄 부불레 프헝드흐

B : 어떤 요리가 있나요?

Qu'est-ce que vous avez?
께쓰끄 부자베

A : 닭고기 요리와 소고기 요리가 있습니다.

Nous avons du poulet et du bœuf.
누자봉 뒤뿔레 에 뒤봬프

B : 닭고기 요리로 주세요.

Du poulet, s'il vous plaît.
뒤 뿔레, 씰부쁠래

관련단어

이륙	m décollage	데꼴라쥬
착륙	m atterrissage	아떼히싸쥬
홍차	m thé	떼
물티슈	f lingette humide	랭젯프 위미드
샐러드	f salade	쌀라드
알로에주스	m jus d'aloés	쥐달로에쓰
탄산음료	f eau gazeuse	오가죄즈

Chapter 02 입국심사

Unit 01 입국 목적

비즈니스 **f** affaires 아패흐 	여행 **m** voyage 부아야쥬 
관광 **m** tourisme 뚜히슴 	회의 **f** conférence 꽁페헝쓰 
취업 **m** travail 트하바이으 	거주 **f** résidence 헤지덩쓰 
친척 방문 **f** visite aux parents 비지뜨 오빠헝 	공부 **f** étude 에뛰드 
귀국 **m** retour 흐뚜흐 	휴가 **f** vacances 바껑쓰 

관련대화

A : 방문목적은 무엇입니까?

Quel est le but de votre visite?
껠레 르뷔뜨 드보트흐 비지뜨

B : 사업차입니다.

Je suis là pour affaires.
쥬쉬 라 뿌흐아패흐

부엉이도 제 새끼가
가장 예쁘다고 생각한다.
La chouette pense que son
petit est le plus beau.
라슈엣뜨 뻥쓰끄 쏭쁘띠 에르블뤼보

Unit 02 거주지

호텔
m hôtel
오뗄

친척집
chez un parent
쉐쟁빠헝

친구집
chez un ami
쉐쟁나미

관련대화

A : 어디서 머무시나요?

Où allez-vous rester?
우알레부 헤스떼

B : 파리에 있는 힐튼 호텔에 머무를 것입니다.

Je vais rester à l'Hôtel Hilton à Paris.
쥬배헤스떼 아로뗄 일똔 아빠히

Chapter 03 숙소

Unit 01 예약

예약 🅕 réservation 헤제흐바씨옹	**체크인** check in/ s'enregistrer 첵인/성흐쥐스트헤	**체크아웃** check out/ régler la note 첵아웃/헤글레 라노뜨
싱글룸 🅕 chambre simple 셩브흐 쌩쁠 		**더블룸** 🅕 chambre double 셩브흐 두블 
트윈룸 🅕 chambre à deux lits 셩브흐 아되리 		**스위트룸** 🅕 suite 쉬뜨 
일행 🅕 compagnie 꽁빠니 		**흡연실** 🅕 salle fumeurs 쌀 퓌뫠흐 
금연실 🅕 salle non-fumeurs 쌀 농퓌뫠흐		**방값** 🅜 prix d'une chambre 프히 뒨셩브흐

예약번호
m numéro de réservation
뉘메호 드헤제흐바씨옹

방카드
f carte clé
까흐뜨 끌레

관련대화

A : 방을 예약하려고 하는데요.
J'aimerais réserver une chambre.
쟴므해 헤제흐베 원성브흐

B : 어떤 방을 원하세요?
Quelle chambre voulez-vous?
껠셩브흐 불레부

A : 싱글룸을 원합니다.
Je voudrais une chambre simple.
쥬부드해 원성브흐 쌩쁠

관련단어

보증금	**m** dépôt	데뽀
환불	**m** remboursement	헝부흐쓰멍
봉사료	**m** frais de service	프해 드쎄흐비쓰

Unit 02 호텔

① 프런트 **f réception** 헤쎕씨옹	② 접수계원 **m réceptionniste** 헤쎕씨오니스뜨	③ 도어맨 **m portier** 뽀흐띠에
④ 벨보이 **m chasseur, groom** 샤쐐흐, 그훔	⑤ 사우나 **m sauna** 쏘나	⑥ 회의실 **f salle de conférence** 쌀드꽁페헝쓰
⑦ 레스토랑 **m restaurant** 헤스또헝	⑧ 룸메이드 **f femme de chambre** 팜 드셩브흐	⑨ 회계 **m comptable** 꽁따블

관련대화

A : 호텔의 사우나는 어디 있나요?

Où se trouve le sauna?
우 스트후브 르쏘나

B : 직진해서 오른쪽으로 꺾으시면 돼요.

Allez tout droit et tournez à droite.
알레 뚜드후아 에 뚜흐네 아드후앗뜨

A : 사우나는 공짜인가요?

C'est gratuit?
쎄 그하뛰

B : 네, 그렇습니다.

Oui, c'est gratuit.
위, 쎄 그하뛰

Unit 03 숙소 종류

호텔
m hôtel
오뗄

캠핑
m camping
껑뼁

게스트하우스
f pension de famille
뻥씨옹 드파미으

유스호스텔
f auberge de jeunesse
오베흐쥬 드젠네쓰

민박
f chambre d'hôte
셩브흐 돗뜨

여관
f auberge
오베흐쥬

대학 기숙사
f résidence universitaire
헤지덩쓰 위니베흐씨때흐

관련대화

A : 호텔을 예약하려고요.

J'aimerais faire une réservation.
쟤므해 패흐 윈헤제흐바씨옹

B : 며칠이나 머무르실 거예요?

Combien de temps allez-vous rester?
꽁비앵 드떵 알레부 헤스떼

A : 5월 1일 체크인해서 5월 4일 체크아웃할 거예요.

J'arrive le 1er mai et je vais partir le 4 mai.
쟈히브 르프허미에매 에 쥬배 빠흐띠흐 르까트흐매

Unit 04 룸서비스

모닝콜
f réveil téléphonique
헤베이 뗄레포닉

세탁
f lessive
레씨브

다림질
m repassage
흐빠싸쥬

드라이클리닝
m nettoyage à sec
네뚜야쥬 아쎅

방청소
m nettoyage de la chambre
네뚜야쥬 들라셩브흐

식당 예약
f réservations de restaurant
헤제흐바씨옹 드헤스또헝

안마
m massage
마싸쥬

식사
m repas
흐빠

미니바
m mini-bar
미니바
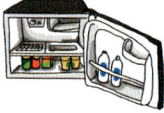

팁
m pourboire
뿌흐부아흐

관련대화

A : 룸서비스를 부탁드립니다.

Le service de chambre, s'il vous plaît.
르쎄흐비쓰 드셩브흐, 씰부쁠래

B : 네, 알겠습니다. 성함과 방번호가 어떻게 되세요?

Oui, madame. Votre nom et votre numéro de chambre, s'il vous plaît.
위, 마담. 보트흐농 에 보트흐 뉘메호드셩브흐, 씰부쁠래

A : 저는 쟌이고요, 방번호는 22호입니다.

Je suis Jeanne. Je suis dans la chambre 22.
쥬쉬 쟌. 쥬쉬 덩라셩브흐 뱅되

Chapter 04 교통

Unit 01 탈것

비행기	헬리콥터	케이블카
m avion	**m** hélicoptère	**m** funiculaire
아비옹	엘리꼽떼흐	퓌니뀔래흐

여객선	요트	잠수함
m paquebot	**m** yacht	**m** sous-marin
빠끄보	요뜨	수마행

자동차	버스	기차
f voiture	**m** bus	**m** train
부아뛰흐	뷔쓰	트행

지하철	자전거	트럭
m métro	**m** vélo	**m** camion
메트호	벨로	까미옹

크레인	모노레일	
f grue	**m** monorail	
그휘	모노하이으	

소방차 **m camion de pompiers** 까미옹 드 뽕삐에 	구급차 **f ambulance**  엉뷜렁스
이층버스 **m autobus à deux étages**  오또뷔스 아되제따쥬	견인차 **f dépanneuse** 데빠뇌즈 
고속버스 **m bus express**  뷔쓰 엑스프헤쓰	레미콘 **m béton prêt à l'emploi**  베똥 프헤아 렁쁠루아
순찰차 **f voiture de police** 부아뛰흐 드뽈리쓰	오토바이 **f moto(cyclette)** 모또(씨끌렛)
증기선 **m bateau à vapeur** 바또 아바뾔흐	지게차 **m chariot élévateur** 샤히오 엘레바때흐
열기구 **f montgolfière**  몽골피에흐	스포츠카 **f voiture de sport** 부아뛰흐 드 스뽀흐 
벤 **m fourgon**  푸흐공	

Chapter 04 교통

관련대화

A : 출근할 때 어떻게 해요?

Comment allez-vous au travail?
꼬멍 알레부 오트하바이으

B : 지하철로요.

Je prends le métro.
쥬프헝 르메트호

좋은 말솜씨는 좋은 무기이다.
Une bonne langue est une bonne arme.
윈본렁그 에뛴 본아흠

Unit 02 자동차 명칭 / 자전거 명칭

① 엑셀(가속페달) **accélérateur** (m) 악쎌레하떼흐	② 브레이크 **frein** (m) 프행	③ 백미러 **rétroviseur** (m) 헤트호비줴흐
④ 핸들 **volant** (m) 볼렁	⑤ 클랙슨 **klaxon** (m) 끌락쏜	⑥ 번호판 **plaque d'immatriculation** (f) 쁠락 디마트히뀔라씨옹
⑦ 변속기 **boîte de vitesse** (f) 부아뜨 드비떼쓰	⑧ 트렁크 **coffre** (m) 꼬프흐	⑨ 클러치 **embrayage** (m) 엉브해야쥬

225

① 안장	② 앞바퀴	③ 뒷바퀴
🇫 selle	🇫 roue avant	🇫 roue arrière
쎌	후아벙	후 아히에흐
④ 체인	⑤ 페달	
🇫 chaîne	🇫 pédale	
쉔	뻬달	

관련대화

A : 트렁크를 좀 열어주세요.

Ouvrez le coffre, s'il vous plaît.
우부헤 르꼬프흐, 씰부쁠래

B : 네, 열었습니다.

Oui, c'est ouvert.
위, 쎄 뚜베흐

관련단어

안전벨트	f ceinture de sécurité	쌩뛰흐 드 쎄뀌히떼
에어백	m airbag	애흐박
배터리	f batterie	바뜨히
엔진	m moteur	모뙈흐
LPG	m GPL	쥐뻬앨
윤활유	m lubrifiant	뤼브히피엉
경유	m diesel	디에젤
휘발유	f essence	에썽쓰
세차	m lavage d'un véhicule	라바쥬 댕 베이뀔

Unit 03 교통 표지판

양보 céder le passage 쎄데 르빠사쥬 	일시정지 **m** arrêt 아헤 
추월금지 **m** dépassement interdit 데빠쓰멍 앵떼흐디 	제한속도 **f** vitesse limitée 비떼쓰 리미떼 
일방통행 **m** sens unique 썽쓰 위닉 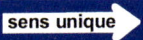	주차금지 **m** stationnement interdit 스따씨온멍 앵떼흐디 
우측통행 **m** passage à droite 빠싸쥬 아드호앗뜨	진입금지 **m** sens interdit 썽쓰 앵떼흐디
유턴금지 **m** demi-tour interdit 드미뚜흐 앵떼흐디 	낙석도로 **f** chute des pierres 쉿뜨 데삐에흐
어린이 보호구역 **f** zone scolaire 존 스꼴래흐 	

관련대화

A : 여기는 어린이 보호구역이네요.

On est dans une zone scolaire.
온에 덩쥔존 스꼴래흐

B : 네, 그래서 주행속도를 낮춰야 해요.

Oui, alors, il faut ralentir la voiture.
위, 알로흐, 일포 할렁띠흐 라부아뛰흐

일찍 일어나는 새가 벌레를 잡는다.
Le monde appartient
à ceux qui se lèvent tôt.
르몽드 아빠흐띠앵 아쐬끼 쓰레브 또

Unit 04 방향

좌회전 ⓜ virage à gauche 비하쥬 아고슈		**우회전** ⓜ virage à droite 비하쥬 아드후앗뜨	
직진 tout droit 뚜드후아		**백(back)** ⓕ marche arrière 마흐슈 아히에흐	
유턴 ⓜ demi-tour 드미뚜흐		**동서남북** ⓜ quatre points cardinaux 꺄트흐 뿌앵 꺄흐디노	

관련대화

A : 도서관은 어떻게 가나요?

　Comment puis-je aller à la bibliothèque ?
　꼬멍 쀠쥬 알레 알라비블리오떽

B : 여기에서 직진하세요.

　Allez tout droit.
　알레 뚜드후아

관련단어

한국어	프랑스어	발음
후진하다	reculer	흐뀔레
고장 나다	tomber en rideau	똥베 엉히도
(타이어가) 펑크 나다	(le pneu) être crevé	(르쁘뇌) 애트흐 크흐베
견인하다	remorquer	흐모흐께
갈아타다	changer	셩줴
교통 체증	m embouteillage	엉부떼이야쥬
주차위반 딱지	m p.-v.	뻬베
지하철노선도	m plan de métro	쁠렁 드매트호
대합실	f salle d'attente	쌀 다떵뜨
운전기사	m chauffeur	쇼패흐
운전면허증	m permis de conduire	뻬흐미 드꽁뒤흐
중고차	f voiture d'occasion	부아뛰흐 도까지옹

Unit 05 거리 풍경

신호등 🔵 feu(x) de signalisation 푀 드씨냘리자씨옹 	횡단보도 🔵 passage piétons 빠싸쥬 삐에똥 
주유소 🔴 station-service 스따씨옹 쎄흐비쓰 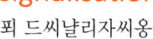	인도 🔵 trottoir 트호뚜아흐 
차도 🔴 chaussée 쇼쎄 	고속도로 🔴 autoroute 오또훗뜨 
교차로 🔵 carrefour 꺄흐푸흐 	지하도 🔵 passage souterrain 빠싸쥬 쑤떼행 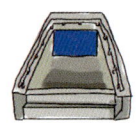
버스정류장 🔵 arrêt de bus 아헤드뷔쓰 	방향표지판 🔵 panneaux de direction 빠노 드디헥씨옹 
육교 🔵 viaduc 비아뒥 	공중전화 🔴 cabine téléphonique 까빈 뗄레포닉 

Chapter 05 관광

Unit 01 프랑스 대표 관광지

샹젤리제 거리
ⓜ Champs-Elysées
성젤리제

자유의 여신상
ⓕ Statue de la Liberté
스따뛰 들라 리베흐떼

생뚜앙 벼룩시장
ⓜ Marché aux puces Saint Ouen
마흐쉐 오쀠쓰 쌩뚜앙

파리 노트르담 성당
ⓕ Cathédrale Notre-Dame
까떼드할 노트흐담

사크레쾨르 대성당
ⓜ Sacré-Cœur
싸크헤쾌흐

몽마르트르
ⓜ Montmartre
몽마흐트흐

콩코르드 광장
ⓕ Place de la Concorde
쁠라쓰 들라꽁꼬흐드

오르세 미술관
ⓜ Musée d'Orsay
뮈제 도흐쎄

뤽상브르 공원 🔤 Jardin du Luxembourg 쟈흐댕 뒤뤽썽부흐 	에펠탑 🔤 Tour Eiffel 뚜흐 애펠 
루브르 박물관 🔤 Musée du Louvre 뮈제 뒤루브흐 	베르사유 궁전 🔤 Château de Versailles 쌰또 드베흐싸이으 
알프스 산맥 🔤 Alpes 알쁘 	몽생미쉘 섬 🔤 Mont Saint-Michel 몽 쌩미쉘 
몽블랑 🔤 Mont Blanc 몽블헝 	조르주 퐁피두 센터 🔤 Centre Georges Pompidou 썽트흐 죠흐쥬 뽕삐두 
샹보르 성 🔤 Château de Chambord 샤또 드셩보흐 	르 마레 🔤 Le Marais 르마해 
몽파르나스 타워 🔤 Tour Montparnasse 뚜흐 몽빠흐나쓰 	마르스 광장 🔤 Champ de Mars 셩 드마흐쓰 

퐁데자르 🅜 Pont des Arts 뽕 데자흐 	팡테옹 🅜 Panthéon 빵떼옹 
오페라 가르니에 🅜 Opéra Garnier 오뻬하 갸흐니에 	그랑 팔레 🅜 Grand Palais 그헝 빨래 
앵발리드 🅟🅛 Invalides 앵발리드 	카마르그 🅕 Camargue 꺄마흐그 
페르 라셰즈 묘지 🅜 Père Lachaise 뻬흐 라쉐즈 	아스테릭스 공원 🅜 Parc Astérix 빡 아스떼힉쓰 
카르티에 라탱 🅜 Quartier latin 꺄흐띠에 라땡 	시테 섬 🅕 Île de la Cité 일 들라씨떼 
로댕 미술관 🅜 Musée Rodin 뮈제 호댕 	라빌레트 공원 🅕 La Villette 라 빌레뜨 
오랑주리 미술관 🅜 Musée de l'Orangerie 뮈제 드로헝쥬히 	아비뇽 교황청 🅜 Palais des Papes 빨래 데빠쁘 

디즈니랜드 파리	물랭루주
ⓜ Disneyland Paris  디즈네렁드 빠히	**ⓜ Moulin Rouge**  물랭 후쥬
레만호	슈농소 성
🛈 Lac Léman  락 레멍	**ⓜ Château de Chenonceau**  샤또 드슈농쏘
코트다쥐르-남불해안	
🛈 Côte d'Azur  꼬뜨 다쥐흐	

관련대화

A : 프랑스에서 제일 가볼 만한 곳은 어디인가요?

Où est le meilleur endroit à visiter en France?
우에 르메이왜흐 엉드후아 아비지떼 엉프헝쓰

B : 저는 파리라고 생각해요. 그곳은 굉장히 흥미로운 도시예요.

Je pense que Paris est la meilleure. C'est une ville très excitante.
쥬뻥쓰끄 빠히 에 라메이왜흐. 쎄뛴빌 트헤 엑씨떵뜨

Unit 02 볼거리(예술 및 공연)

연극 **m théâtre** 떼아트흐 	가면극 **f mascarade** 마스까하드 
아이스쇼 **m spectacle sur glace** 스뻭따끌 쉬흐글라쓰 	서커스 **m cirque** 씨흐끄 
발레 **m ballet** 발레 	팬터마임 **f pantomime** 뻥또밈 
1인극 **m monodrame** 모노드함 	난타 Nanta 넝따 
락 페스티벌 **m festival de Rock** 페스띠발 드 흑	콘서트 **m concert** 꽁쎄흐 
뮤지컬 **f comédie musicale** 꼬메디 뮈지깔 	클래식 **f musique classique** 뮈직 끌라씩 
오케스트라 **m orchestre** 오흐께스트흐 	마당놀이 Madangnori 마당노리 

국악공연

🎵 Performance musicale traditionnelle coréenne
뻬호포흐멍쓰 뮤지깔 트하디씨오넬 꼬헤앤

관련대화

A : 저는 뮤지컬을 좋아하는데 어디가 유명한가요?

J'aime la comédie musicale. Quel est l'endroit célèbre pour cette performance.
쥼 라꼬메디 뮤지깔. 껠레 렁드후아 쎌레브흐 뿌흐쎗 뻬흐포흐멍쓰

B : 제 생각에는 브로드웨이가 세계에서 가장 유명해요.

Je pense que Broadway est l'endroit le plus célèbre au monde.
쥬뻥쓰끄 브호드웨 에 렁드후아 르쁠뤼 쎌레브흐 오몽드

A : 아 그래요. 감사합니다.

Oh je vois. Je vous remercie.
오 쥬부아. 쥬부흐메흐씨

관련단어

관객, 청중	spectateur(trice)	스펙따뙈흐(트히쓰)

Unit 03 나라 이름

아시아(Asie) 아지

대한민국
🇫 Corée du Sud
꼬헤 뒤쒸드

중국
🇨 Chine
쉰

일본
🇲 Japon
쟈뽕

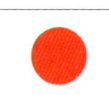

대만
🇲 Taiwan
따이완

필리핀
🇵 Philippines
필리삔

인도네시아
🇫 Indonésie
앵도네지

인도
🇫 Inde
앵드

파키스탄
🇲 Pakistan
빠끼스떵

우즈베키스탄
🇲 Ouzbékistan
우즈베끼스떵

카자흐스탄
🇲 Kazakhstan
까자크스떵

러시아
🇫 Russie
휘씨

몽골
🇫 Mongolie
몽골리

태국
🇫 Thaïlande
따이렁드

유럽(Europe) 왜홉

스페인
🇫 Espagne
에스빠뉴

프랑스
🇫 France
프헝쓰

포르투갈
🇲 Portugal
뽀흐뛰걀

아이슬란드
🇫 Islande
이스렁드

스웨덴
🇫 Suède
쉬에드

노르웨이
🇫 Norvège
노흐베쥬

핀란드
🇫 Finlande
팽렁드

아일랜드
🇫 Irlande
이흐렁드

영국
🇫 Angleterre
엉글르때흐

독일
🇫 Allemagne
알르마뉴

라트비아
🇫 Lettonie
레또니

벨라루스
🇫 Biélorussie
비엘로휘씨

우크라이나
🇫 Ukraine
위크핸

루마니아
🇫 Roumanie
후마니

이탈리아
f Italie
이딸리

그리스
f Grèce
그해쓰

북아메리카(Amérique du Nord) 아메힉 뒤노흐

미국
pl États-Unis
에따쥐니

캐나다
m Canada
까나다

그린란드
m Groenland
그회렁드

남아메리카(Amérique du Sud) 아메힉 뒤쉬드

멕시코
m Mexique
멕씩

쿠바
m Cuba
뀌바

과테말라
m Guatemala
구아뜨말라

베네수엘라
m Venezuela
베네쥐엘라

에콰도르
m Equateur
에꽈떼흐

페루
m Pérou
뻬후

브라질 ⓜ **Brésil** 브헤질	볼리비아 ⓕ **Bolivie** 볼리비
파라과이 ⓜ **Paraguay** 빠하구애	칠레 ⓜ **Chili** 쉴리
아르헨티나 ⓕ **Argentine** 아흐정띤	우루과이 ⓜ **Uruguay** 위휘루애

중동(Moyen Orient) 무아앵 오히엉

터키 ⓕ **Turquie** 뛰흐끼	시리아 ⓕ **Syrie** 씨히
이라크 ⓜ **Irak** 이학	요르단 ⓕ **Jordanie** 죠흐다니
이스라엘 ⓜ **Israël** 이스하엘	레바논 ⓜ **Liban** 리벙
오만 ⓜ **Oman** 오만	아프가니스탄 ⓜ **Afghanistan** 아프가니스떵

사우디아라비아
🇫 Arabie Saoudite
아하비 싸우뜨

아프리카(Afrique) 아프힉

모로코
ⓜ Maroc
마혹

알제리
🇫 Algérie
알줴히

리비아
🇫 Libye
리비

수단
ⓜ Soudan
쑤덩

나이지리아
ⓜ Nigeria
니줴히아

에티오피아
🇫 Ethiopie
에띠오삐

케냐
ⓜ Kenya
께냐

오세아니아(Océanie) 오쎄아니

오스트레일리아
🇫 Australie
오스트할리

뉴질랜드
🇫 Nouvelle-Zélande
누벨젤렁드

피지
m Fidji
피쥐

관련대화

A : 당신은 어느 나라에 가고 싶어요?

Quel pays voulez-vous visiter?
껠뻬이 불레부 비지떼

B : 저는 프랑스에 가고 싶어요.

Je voudrais aller en France.
쥬 부드해 알레 엉프헝쓰

A : 왜요?

Pourquoi?
뿌흐꾸아

B : 왜냐하면 프랑스에는 아름다운 건물과 박물관이 많이 있기 때문입니다.

Parce qu'il y a beaucoup de beaux bâtiments et musées.
빠흐쓰낄리아 보꾸드 보바띠멍 에 뮈제

관련단어

한국어	프랑스어	발음
국가	m pays	뻬이
인구	f population	뽀쀨라씨옹
수도	f capitale	까삐딸
도시	f ville	빌
시민	citoyen(ne)	씨뚜아앵(앤)
분단국가	m pays divisé	뻬이 디비제
통일	f réunification	헤위니피까씨옹
민주주의	f démocratie	데모크하씨
사회주의	m socialisme	쏘시알리슴
공산주의	m communisme	꼬뮈니슴
선진국	m pays développés	뻬이 데블로뻬
개발도상국	m pays en développement	뻬이 엉데블롭쁘멍
후진국	m pays sous-développés	뻬이 쑤데블로뻬
전쟁	f guerre	개흐
분쟁	m conflit	꽁플리
평화	f paix	뻬
고향	f ville d'origine	빌도히쥔
이민	f immigration	이미그하씨옹
태평양	m Pacifique	빠씨픽
대서양	m océan Atlantique	오쎄엉 아뜰렁띡

인도양	m océan Indien	오쎄엉 앵디앵
3대양	m trois océans	트후아조쎄엉
7대주	m sept continents	셋뜨 꽁띠넝

Unit 04 세계 도시

로스앤젤레스 Los Angeles 로스엉젤레쓰 	뉴욕 New-York 뉴욕 
워싱턴DC Washington, DC 워씽톤 디씨 	샌프란시스코 San Francisco 쌘프헝씨스꼬 
파리 Paris 빠히 	런던 Londres 롱드흐 
베를린 Berlin 베흐랭 	로마 Rome 홈 
서울 Séoul 쎄울 	북경 Pékin 뻬깽 
도쿄 Tokyo 또꾜 	상해 Shanghai 성가이 
시드니 Sydney 씨드내 	

관련대화

A : 니스에 가본 적 있어요?
Êtes-vous allé à Nice?
앳부 알레 아니쓰

B : 네, 가본 적이 있어요.
Oui, j'y suis allé.
위, 쥐쒸잘레

아니요. 가본 적이 없어요.
Non, je n'y suis jamais allé.
농, 쥬니쒸 쟈매알레

A : 니스는 어때요?
Que pensez-vous de Nice?
끄뻥쎄부 드니쓰

B : 너무 좋아요.
C'est très beau.
쎄 트해보

Part 3

비즈니스 단어

Chapter 01. 경제
Chapter 02. 회사
Chapter 03. 증권, 보험
Chapter 04. 무역
Chapter 05. 은행

Chapter 01 경제

값이 비싼
cher
쉐흐

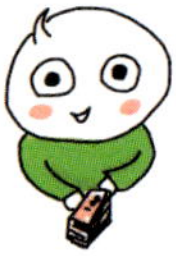

값이 싼
pas cher
빠쉐흐

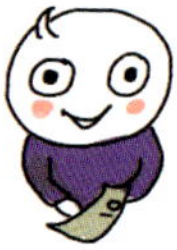

경기불황
🇫 crise économique
크히즈 에꼬노믹

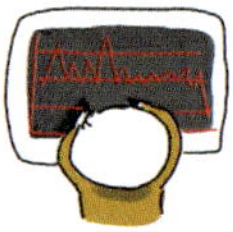

경기호황
🇲 essor économique
에쏘흐 에꼬노믹

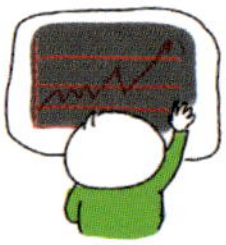

수요
🇫 demande
드멍드

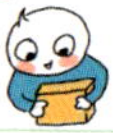

공급
🇫 offre
오프흐

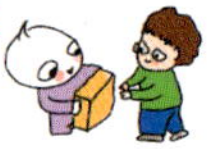

고객
client(e)
끌리엉(뜨)

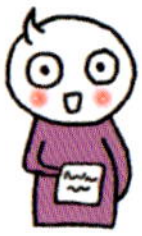

낭비
🇲 gaspillage
갸스삐야쥬

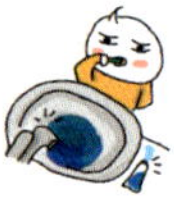

도산, 파산
🇫 faillite
파이잇드

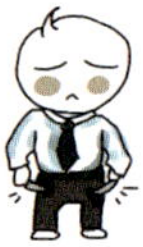

불경기
🇫 récession (de l'économie)
헤쎄씨옹 (들레꼬노미)

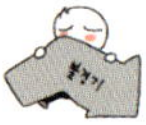

물가상승
🇫 inflation
앵플라씨옹

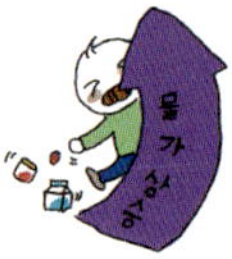

물가하락
🇫 déflation
데플라씨옹

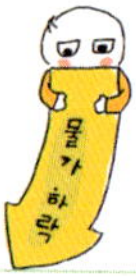

돈을 벌다 gagner de l'argent 갸녜 들라흐정	**무역수지 적자** **m** déficit commercial 데피씨뜨 꼬메흐씨알 
무역수지 흑자 **m** excédent commercial 엑쎄덩 꼬메흐씨알 	**상업광고** **f** publicité commerciale 쀠블리씨떼 꼬메흐씨알 
간접광고(PPL) **f** publicité indirecte / **m** placement de produit (PPL) 쀠블리씨떼 앵디헥뜨/ 쁠라쓰멍 드프호뒤 	
제조/생산 **f** fabrication / production 파브히까씨옹/프호뒥씨옹	**수입** **f** importation 앵뽀흐따씨옹 
수출 **f** exportation 엑쓰뽀흐따씨옹 	**중계무역** **m** commerce de transit 꼬메흐쓰 드트헝짓
수수료 **f** commission 꼬미씨옹 	**이익** **m** bénéfice 베네피쓰 
전자상거래 **m** commerce électronique 꼬메흐쓰 엘렉트호닉 	**투자하다** investir 앵베스띠흐 

관련대화

A : 미국의 전자상거래는 지금 완전히 포화상태인 거 같아요.
Le commerce électronique aux États-Unis est maintenant complètement saturé.
르꼬메흐쓰 엘렉트호닉 오제따쥐니 에맹뜨넝 꽁쁘렛뜨멍 싸뛰헤

B : 그렇죠. 미국의 전자상거래는 지금 완전히 레드오션이에요.
Effectivement. C'est maintenant complètement 'l'océan rouge'.
에펙띠브멍. 쎄 맹뜨넝 꽁쁠렛뜨멍 로쎄엉 후쥬

관련단어

한국어	프랑스어	발음
독점권	m droit exclusif	드후아 엑쓰끌뤼짚
총판권	m droit exclusif de distribution	드후아 엑쓰끌뤼짚 드 디스트히뷔씨옹
상표권	m droit de marque	드후아 드마흐끄
상표권침해	f contrefaçon de marque	꽁트흐파쏭 드마흐끄
특허권	m brevet	브흐베
증명서	m certificat	쎄흐띠피까
해외법인	f société d'outre-mer	쏘씨에떼 두트흐메흐
자회사	f filiale	필리알
사업자등록증	f immatriculation (d')entreprise	이마트히뀔라씨옹 엉(덩)트흐프히즈

오프라인	hors ligne	오흐 리뉴
온라인	en ligne	엉리뉴
레드오션전략	f stratégie océan rouge	스트하떼쥐 오쎄엉 후쥬
블루오션전략	f stratégie océan bleu	스트하떼쥐 오쎄엉 블뢰
퍼플오션전략	f stratégie océan violet	스트하떼쥐 오쎄엉 비올레
가격 인상	f hausse des prix	오쓰 데프히
포화상태	f saturation	싸뛰하씨옹
계약	m contrat	꽁트하
합작	f collaboration	꼴라보하씨옹
할인	m rabais	하배
성공	m succès	쉭쎄
실패	m échec	에쉑
벼락부자	m parvenu	빠흐브뉘

Chapter 02 회사

Unit 01 직급, 지위

회장

- **PDG(Président directeur général)**
뻬데줴(프헤지덩 디헥떼흐 줴네할)

사장
- **président**
프헤지덩

부사장
- **vice-président**
비쓰-프헤지덩

부장
- **directeur général**
디헥떼흐 줴네할

차장

- **directeur général adjoint**
디헥떼흐 줴네할 앗쥬앙

과장
- **directeur**
디헥떼흐

대리

- **directeur adjoint**
디헥떼흐 앗쥬앙

주임
- **chef de bureau**
쉪 드뷔호

사원
- **personnel, employé**
뻬흐쏘넬, 엉쁠루아예

상사
- **supérieur**
쉬뻬히왜흐

동료
- **collègue**
꼴레그

부하 	신입사원 
m subalterne	nouvel(le) employé(e)
쉽알떼흔	누벨 옹쁠루아예
계약직	정규직 
CDD(Contrat à durée déterminée)	CDI(Contrat à durée indéterminée)
쎄데데(꽁트하 아뒤헤 데떼흐미네)	쎄데이(꽁트하 아뒤헤 앵데떼흐미네)

관련대화

A : 베르나르 씨 승진을 축하합니다.

Félicitations pour votre promotion, Bernard.

펠리씨따씨옹 뿌흐 보트흐 프호모씨옹, 베흐나흐

B : 모두 도와주신 덕분이에요.

Merci de votre soutien.

멕씨 드보트흐 쑤띠앵

관련단어

임원	m cadre	꺄드흐
고문	m conseiller	꽁쎄이에
전무	m directeur général senior	디헥뙈흐 쉐네할 쎄뇨흐
상무	m directeur général	디헥뙈흐 쉐네할
대표	m représentant	흐프헤정떵

Unit 02 부서

구매부 ⓜ **service des achats** 쎄흐비쓰 데자샤	기획부 ⓜ **service de planification** 쎄흐비쓰 드 쁠라니피까씨옹
총무부 ⓜ **département des affaires générales** 데빠흐뜨멍 데자패흐 줴네할	연구개발부 ⓜ **département de recherche et de développement** 데빠흐뜨멍 드 흐쉐흐슈 에 드 데블롭쁘멍
관리부 ⓜ **département exécutif** 데빠흐뜨멍 에그제뀌띺	회계부 ⓜ **département de comptabilité** 데빠흐뜨멍 드 꽁따빌리떼

영업부 **m** service commercial 쎄흐비쓰 꼬메흐씨알	인사부 **m** service du personnel 쎄흐비쓰 뒤 뻬흐쏘넬
홍보부 **m** service des relations publiques 쎄흐비쓰 데 흘라씨옹 쀠블릭	경영전략부 **m** département de gestion et de stratégie 데빠흐뜨멍 드 쥐스띠옹 에 드 스트하떼쥐
해외영업부 **m** département d'outre-mer 데빠흐뜨멍 두트흐메흐	

관련대화

A : 저는 어느 부서에 지원을 하는 게 좋을 거 같아요?

À votre avis, dans quel département devrais-je poser ma candidature ?

아보트아비, 덩껠데빠흐뜨멍 드브해쥬 뽀제 마껑디다뛰흐

B : 당신은 사교적이라 영업부에 지원하면 좋을 것 같아요.

Vous êtes sociable, donc je pense qu'il serait bon de postuler au service commercial.

부젯 소씨아블, 동끄 쥬뻥쓰낄 쓰해 봉 드뽀스뛸레 오쎄흐비쓰 꼬메흐씨알

Unit 03 근무시설 및 사무용품

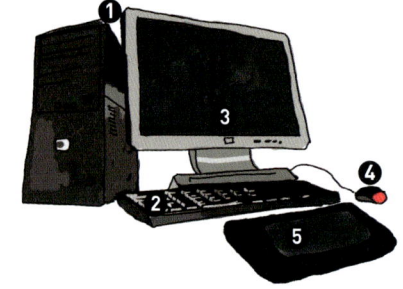

① 컴퓨터 **m ordinateur** 오흐디나떼흐	
② 키보드 **m clavier** 끌라비에	

③ 모니터	④ 마우스	⑤ 태블릿
m moniteur 모니떼흐	**f souris** 쑤히	**f tablette** 따블렛드

① 노트북	② 책상	③ 서랍
m ordinateur portable 오흐디나떼흐 뽀흐따블	**m bureau** 뷔호	**m tiroir** 띠후아흐

④ 팩스 **ⓜ fax** 팍쓰	⑤ 복사기 **ⓜ photocopieur** 포또꼬삐왜흐	⑥ 전화기 **ⓜ téléphone** 뗄레퐁
⑦ A4용지 **ⓜ papier A4** 빠삐에 아꺄트흐	⑧ 스캐너 **ⓜ scanner** 스꺄너	⑨ 계산기 **ⓕ calculatrice** 꺌뀔라트히쓰
⑩ 공유기 **ⓜ routeur** 후떼흐	⑪ 일정표 **ⓜ calendrier** 꺌렁드히에	⑫ 테이블 **ⓕ table** 따블
⑬ 핸드폰 **ⓜ téléphone portable** 뗄레퐁 뽀흐따블	⑭ 스마트폰 **ⓜ smartphone** 스마흐뜨폰	

관련대화

A : 컴퓨터가 아침부터 계속 안 되네요.

L'ordinateur ne fonctionne pas depuis le matin.
로흐디나뙈흐 느퐁씨온빠 드뷔 르마땡

B : 재부팅해보는 게 어때요?

Que diriez-vous de redémarrer le système?
끄 디히에부 드 흐데마헤 르씨스뗌

관련단어

재부팅	m redémarrage	흐데마하쥬
아이콘	f icône	이꼰
커서	m curseur	뀌흐쐐흐
클릭	m clic	끌릭끄
더블클릭	m double clic	두블 끌릭끄
홈페이지	f page d'accueil	빠쥬 다꿰이으
메일주소	m e-mail/courriel	이메일/꾸히앨
첨부파일	f pièce jointe	삐에쓰 쥬앵뜨
받은편지함	f boîte de réception	부앗뜨 드헤쎕씨옹
보낼편지함	f boîte d'envoi	부앗뜨 덩부아
스팸메일	m spam	스빰
댓글	m commentaire	꼬멍때흐
방화벽	m pare-feu	빠흐푀

Unit 04 근로

고용하다
embaucher
엉보쉐

고용주
employeur
엉쁠루아이왜흐

임금/급료
m salaire
쌀래흐

수수료
f commission
꼬미씨옹

해고하다
renvoyer
헝부아예

인센티브
f motivation
모띠바씨옹

승진
f promotion
프호모씨옹

출장
m voyage d'affaires
부아야쥬 다패흐

회의
f réunion
헤위니옹

휴가
m congé
꽁줴

출근하다
aller au travail
알레 오트하바이으

퇴근하다
quitter le bureau
끼떼 르뷔호

조퇴하다
rentrer avant l'heure
헝트헤 아벙 뢔흐

지각하다
arriver en retard
아히베 엉흐따흐
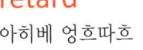

잔업 **f heures supplémentaires** 왜흐 쉬쁠레멍때흐 	연봉 **m salaire annuel** 쌀래흐 아뉘엘
이력서 **m CV (curriculum vitae)** 쎄베(뀌히뀔롬 비때)	가불 **f avance de salaire** 아벙쓰 드 쌀래흐 
은퇴 **f retraite** 흐트해뜨 	회식 **m pot entre collègues** 뽀 엉트흐 꼴레그 

관련대화

A : 오늘 회식이니 모두 참석해주시기 바랍니다.

On a un pot entre collègues aujourd'hui. Venez vous joindre à nous.

온아 앵뽀 엉트흐 꼴레그 오쥬흐뒤. 브네 부쥬앵드흐 아누

B : 네, 알겠습니다.

Oui, d'accord.

위, 다꼬흐

관련단어

연금	f pension	뻥씨옹
보너스	f prime	프힘
월급날	m jour de paie(paye)	쥬흐 드빼(이)
아르바이트	m travail à temps partiel	트하바이으 아떵 빠흐씨엘
급여 인상	f augmentation de salaire	오그멍따씨옹 드쌀래흐

Chapter 03 증권, 보험

증권거래소
f bourse
부흐쓰

증권중개인
m courtier
꾸흐띠에

주주
m actionnaire
악씨오내흐

주식, 증권
f action
악씨옹

배당금
m dividende
디비덩드

선물거래
m marché à terme
마흐쉐 아떼흠

주가지수
m indice boursier
앵디쓰 부흐씨에

장기채권
f obligation à long terme
오블리갸씨옹 아롱떼흠

보험계약자
m titulaire de la police d'assurance
띠뛸래흐 들라 뽈리쓰 다쉬헝쓰
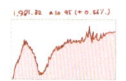

보험회사
f compagnie d'assurance
꽁빠니 다쉬헝쓰

보험설계사 **m** courtier en assurance 꾸흐띠에 언나쉬헝쓰		보험에 들다 s'assurer 싸쒸헤	
보험증서 **f** police d'assurance 뽈리스 다쉬헝쓰		보험약관 **f** clauses d'assurance 끌로즈 다쉬헝쓰	
보험료 **f** cotisation 꼬띠자씨옹		보험금 청구 **f** réclamation d'indemnité 헤끌라마씨옹 댕뎀니떼	
피보험자 **m** assuré 아쉬헤			

관련대화

A : 주식을 좀 사려고 하는데 무엇을 해야 할까요?
Je voudrais acheter des actions. Qu'est-ce que je dois faire?
쥬부드해 아슈떼 데작씨옹. 께쓰끄 쥬두아 패흐

B : 글쎄요. 전 주식에 대해선 아는 게 없어요.
Désolé. Je ne les connais pas bien.
데졸레. 쥬느레꼬네빠 비앵

관련단어

한국어	프랑스어	발음
일반양도증서	m acte de cession de titres	악뜨 드 쎄씨옹 드 띠트흐
파생상품	f action dérivée	악씨옹 데히베
보험해약	f résiliation d'un contrat d'assurance	헤질리아씨옹 댕꽁트하 다쒸헝쓰
보험금	f indemnité	앵뎀니떼
투자자	m investisseur	앵베스띠쐐흐
투자신탁	f société d'investissement	쏘씨에떼 댕베스띠쓰멍
자산유동화	f titrisation des actifs	띠트히자씨옹 데작띺
유상증자	f émission d'actions payantes	에미씨옹 닥씨옹 빼이엉뜨
무상증자	f émission d'actions gratuites	에미씨옹 닥씨옹 그하뛧뜨
주식액면가	f valeur nominale	발뢔흐 노미날
기관투자가	m investisseur institutionnel	앵베스띠쐐흐 앵스띠뛰씨오넬

Chapter 03 증권, 보험

Chapter 04 무역

물물교환 **m** troc 트호끄 	구매자, 바이어 acheteur 아슈때흐 
클레임 **f** réclamation 헤끌라마씨옹 	덤핑 **m** dumping 덤뼁 
수출 **f** exportation 엑쓰뽀흐따씨옹 	수입 **f** importation 앵뽀흐따씨옹 
선적 **f** expédition 엑쓰뻬디씨옹 	무역 보복 **f** mesure de rétorsion 므쥐흐 드헤또흐씨옹 
주문서 **m** bon de commande 봉 드 꼬멍드	신용장(LC) **f** lettre de crédit 레트흐 드 크헤디

관세 **m droit de douane** 드후아 드두안 	부가가치세 **TVA(taxe sur la valeur ajoutée)** 떼베아(딱쓰 쉬흐라발쾌흐 아쥬떼)
세관 **f douane** 두안 	관세사 **m courtier en douane** 꾸흐띠에 엉두안 
보세 구역 **f zone franche** 존 프헝슈 	

관련대화

A : 한국에 수입되는 자동차의 관세는 평균 10퍼센트예요.

Les droits de douanne moyens des voitures importées en Corée est de 10 pour cent.
레드후아 드두안 무아앵 데부아뛰흐 쟁뽀흐떼 엉꼬헤 에드 디뿌흐썽

B : 수입자동차가 비싼 이유군요.

C'est pourquoi elles sont coûteuses.
쎄 뿌흐꾸아 엘쏭 꾸뙈즈

관련단어

박리다매	f vente à petit profit et en grande quantité	벙뜨 아쁘띠프호피 에 엉그헝드 껑띠떼
컨테이너	m conteneur	꽁뜨내흐
무역회사	f société commerciale	쏘씨에떼 꼬메흐씨알
응찰	f offre	오프흐
포장명세서	f liste d'emballage	리스뜨 덩발라쥬
송장	f facture	팍뛰흐

Chapter 05 은행

신용장 **f lettre de crédit** 레트흐 드크헤디	주택담보대출 **m prêt immobilier hypothécaire** 프헤이모빌리에 이뽀떼깨흐
이자 **m intérêt** 앵떼헤	 대출 **m prêt** 프헤 
입금하다  verser 베흐쎄	출금하다  retirer 흐띠헤
통장 **m livret**  리브헤	송금하다 faire un virement 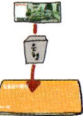 패흐 앵비흐멍
현금인출기 **m guichet automatique** 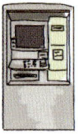 기쉐 오또마띡	수표 **m chèque**  쉑끄

온라인 송금 **m virement en ligne** 비흐멍 엉리뉴 	외화 송금 **m virement de monnaie étrangère** 비흐멍 드모네 에트헝쥁호 
환전 **m change** 셩쥬 	신용등급 **f cote de crédit** 꼿뜨 드크헤디

관련대화

A : 주택담보대출로 집을 사고 싶은데요.
J'aimerais acheter une maison sur un prêt hypothécaire.
쟴므해 아슈떼 윈매종 쉬흐앵프헤 이뽀떼깨호

B : 네, 신용등급이 높아서 가능하십니다. 잠시만 기다려보세요.
Vous avez une bonne cote de crédit, donc c'est OK.
Patientez un moment, s'il vous plaît.
부자베 윈본 꼿뜨드크헤디, 동끄 쎄 오께. 빠씨엉떼 앵모멍, 씰부쁠래

관련단어

한국어	프랑스어	발음
매매기준율	m taux de change de base	또드성쥬 드바즈
송금환율	m taux de change de paiement	또드성쥬 드빼멍
현찰매도율	m cours vendeur au comptant	꾸흐 벙대흐 오꽁떵
현찰매입률	m cours acheteur au comptant	꾸흐 아슈때흐 오꽁떵
신용카드	f carte de crédit	까흐뜨 드크헤디
상환	m remboursement	헝부흐쓰멍
연체된	en retard	엉흐따흐
고금리	m intérêt élevé	앵떼헤 엘르베
저금리	m faible intérêt	패블 앵떼헤
담보	m gage	갸쥬
주택저당증권	f créances hypothécaires	크헤엉쓰 이뽀떼깨흐
계좌	m compte	꽁뜨
적금	f épargnes	에빠흐뉴

컴팩트

단어장

Part 01. 일상생활 단어
Part 02. 여행 단어
Part 03. 비즈니스 단어

Part 1 일상생활 단어

Chapter 01. 개인소개

Unit 01 성별, 노소 22쪽

여자	**f** femme	팜
남자	**m** homme	옴
노인	**f** personne âgée	뻬흐쏜아줴
중년	**m** âge moyen	아쥬무아앵
소년	**m** garçon	갸흐쏭
소녀	**f** fille	피으
청소년	adolescent(e)	아돌레썽(뜨)
임산부	**f** femme enceinte	팜엉쌍뜨
어린이	**m** enfant	엉펑
미취학아동	**m** enfants d'âge préscolaire	엉펑 다쥬 프헤스꼴래흐
아기	**m** bébé	베베

Unit 02 가족 23쪽

친가	**f** famille paternelle	
친할아버지	**m** grand-père paternel	그헝빼흐 빠떼흐넬
친할머니	**f** grand-mère paternelle	그헝매흐 빠떼흐넬
고모	**f** tante	떵뜨
고모부	**m** oncle	옹끌
삼촌	**m** oncle	옹끌
숙모	**f** tante	떵뜨
아버지(아빠)	**m** père(papa)	빼흐(빠빠)
어머니(엄마)	**f** mère(maman)	매흐(마멍)
사촌남자형제	**m** cousin	꾸쟁
사촌여자형제	**f** cousine	꾸진
나	moi	무아

외가	**f** famille maternelle	
외할아버지	**m** grand-père maternel	그헝빼흐 마떼흐넬
외할머니	**f** grand-mère maternelle	그헝매흐 마떼흐넬
와삼촌	**m** oncle	옹끌
외숙모	**f** tante	떵뜨
이모	**f** tante	떵뜨
이모부	**m** oncle	옹끌
어머니(엄마)	**f** mère(maman)	매흐(마멍)
아버지(아빠)	**m** père(papa)	빼흐(빠빠)
외사촌 남자 형제	**m** cousin(du côté maternel)	꾸쟁(뒤 꼬떼 마떼흐넬)
외사촌 여자 형제	**f** cousine(du côté maternel)	꾸진(뒤 꼬떼 마떼흐넬)

가족		24쪽
아버지(아빠)	**m** père(papa)	빼흐(빠빠)
어머니(엄마)	**f** mère(maman)	매흐(마멍)
언니/누나	**f** (grande-)sœur	(그헝드) 쐐흐
형부/매형(매부)	**m** beau-frère	보프해흐
오빠/형	**m** (grand-)frère	(그헝) 프해흐
새언니/형수	**f** belle-sœur	벨쐐흐
남동생	**m** (petit-) frère	(쁘띠)프해흐
제수/올케	**f** belle-sœur	벨쐐흐
여동생	**f** (petite-)sœur	(쁘띠뜨)쐐흐
제부/매제	**m** beau-frère	보프해흐
부인	**f** femme	팜
남편	**m** mari	마히
여자조카	**f** nièce	니에쓰
남자조카	**m** neveu	느뵈
아들	**m** fils	피쓰

며느리	f bru/belle-fille	브휘/벨피으
딸	f fille	피으
사위	m gendre/beau-fils	정드호/보피쓰
손자	m petit-fils	쁘띠피쓰
손녀	f petite-fille	쁘띠뜨피으

관련단어 27쪽

외동딸	f fille unique	피으 위닉
외동아들	m fils unique	피쓰 위닉
결혼하다	se marier	쓰 마히에
이혼하다	divorcer	디보흐쎄
신부	f jeune mariée	쟨마히에
신랑	m jeune marié	쟨마히에
면사포	m voile	부알르
약혼	f fiançailles	피엉싸이으
독신주의자	célibataire par principe	쎌리바때흐 빠흐프행씹
과부	f veuve	뵈브
기념일	m anniversaire	아니베흐쎄흐
친척	parent	빠헝

Unit 03 삶(인생) 28쪽

태어나다	naître	내트흐
백일	m cent jours 쌍쥬흐
돌잔치	f première fête d'anniversaire	프흐미에흐 팻뜨 다니배흐쎄흐
유년시절	f enfance	엉펑쓰
학창시절	f période de sa scolarité	뻬히오드 드 싸 쓰꼴라히떼
첫눈에 반하다	avoir le coup de foudre	아부아흐 르꾸 드푸드흐
삼각관계	m ménage à trois	매나쥬 아트후아

이상형	homme idéal/femme idéale	옴이데알/팜이데알
사귀다	sympathiser avec ~	쌩빠띠제 아벡~
애인	amant/maîtresse	아멍/매트헤쓰
여자친구	f petite amie	쁘띠따미
남자친구	m petit ami	쁘띠따미
이별	f séparation	쎄빠하씨옹
재회	f retrouvailles	흐트후바이으
청혼	f demande en mariage	드멍드 엉마히아쥬
약혼하다	se fiancer	쓰피엉쎄
결혼	m mariage	마히아쥬
신혼여행	f lune de miel	륀드미엘
임신	f grossesse	그호쎄쓰
출산	m accouchement	아꾸슈멍
득남	f naissance d'un garçon	내썽쓰 댕갸흐쏭
득녀	f naissance d'une fille	내썽쓰 된피으
육아	f puériculture	쀠에히뀔뛰흐
학부모	m parents d'élèves	빠헝 델레브
유언	m testament	떼쓰따멍
사망	f mort	모흐
장례식	f funérailles	퓌네하이으
천국에 가다	monter au ciel	몽떼 오씨엘

관련단어 30쪽

어린시절	enfance	엉펑쓰
미망인	veuve	뵈브
홀아비	veuf	뵈프
젊은	jeune	쟨
늙은	vieux/vieille	비외/비에이으

Unit 04 직업　　　　　　31쪽

한국어	프랑스어	발음
간호사	infirmière	앵피흐미에흐
약사	pharmacien	파흐마씨앵
의사	médecin	맫쌩
가이드	guide	기드
선생님/교사	professeur/enseignante	프호페쐐흐/엉쌔녕뜨
교수	professeur	프호페쐐흐
가수	chanteuse	셩뙤즈
음악가	musicien	뮈지씨앵
화가	peintre	뺑트흐
소방관	pompier	뽕삐에
경찰관	agent de police	아졍드뽈리쓰
공무원	fonctionnaire	퐁씨오내흐
요리사	cuisinier	뀌지니에
디자이너	dessinatrice	데씨나트히쓰
승무원	hôtesse de l'air	오떼쓰 들래흐
판사	juge	쥐쥬
검사	procureur	프호뀌해흐
변호사	avocat	아보까
사업가	homme d'affaires	옴다패흐
회사원	employée de bureau	엉쁠루아예 드 뷔호
학생	étudiante	에뛰디엉뜨
운전기사	chauffeur	쇼패흐
남자농부/여자농부	agriculteur/agricultrice	아그히뀔때흐/아그히뀔트히쓰
가정주부	femme au foyer	팜오푸아예
작가	écrivain	에크히뱅
정치가	politicien	뽈리띠시앵
세일즈맨	vendeuse	벙돼즈
미용사	coiffeuse	꾸아패즈
군인	militaire	밀리때흐
은행원	employée de banque	엉쁠루아예 드 벙끄
엔지니어	ingénieur	앵좨니왜흐
통역원	interprète	앵떼흐프헷뜨
비서	secrétaire	스크헤때흐
회계사	comptable	꽁따블
이발사	barbier	바흐비에
배관공	plombier	쁠롱비에
수의사	vétérinaire	베떼히내흐
건축가	architecte	아흐쉬땍뜨
편집자	rédactrice	헤닥트히쓰
성직자	prêtre	프헤트흐
심리상담사	psychologue	프씨꼴로그
형사	inspecteur de police	앵스뻭때흐 드 뽈리쓰
방송국 PD	producteur	프호뒥때흐
카메라맨	cadreur	까드해흐
예술가	artiste	아흐띠스뜨
영화감독	cinéaste/réalisateur	씨네아쓰뜨/헤알리자때흐
영화배우	acteur	악때흐
운동선수	athlète	아뜰렛뜨
목수	charpentier	샤흐뻥띠에
프리랜서	free-lance	프히랜쓰

Unit 05 별자리　　　　　　35쪽

한국어	프랑스어	발음
양자리	⒨ Bélier	벨리에
황소자리	⒨ Taureau	또호
쌍둥이자리	⒨ Gémeaux	제모
게자리	⒨ Cancer	껑쎄흐
사자자리	⒨ Lion	리옹
처녀자리	⒨ Vierge	비에흐쥬
천칭자리	⒨ Balance	발렁쓰
전갈자리	⒨ Scorpion	스꼬흐삐옹
사수자리	⒨ Sagittaire	사쥐때흐
염소자리	⒨ Capricorne	까프히꼬흔
물병자리	⒨ Verseau	베흐쏘
물고기자리	⒨ Poisson	뿌아쏭

Unit 06 혈액형　　36쪽

한국어	프랑스어	발음
A형	type A	띱 아
B형	type B	띱 베
O형	type O	띱 오
AB형	type AB	띱 아베

관련단어　　36쪽

한국어	프랑스어	발음
피	m sang	썽
헌혈	m don de sang	동 드 썽
혈소판	f plaquettes sanguines	쁠라껫뜨 썽긴
혈관	m vaisseau sanguin	배쏘 썽갱
적혈구	m globule rouge	글로빌 후즈

Unit 07 탄생석　　37쪽

한국어	프랑스어	발음
가넷	grenet	그호네
자수정	améthyste	아메띠스뜨
아쿠아마린	aigue-marine	애그마힌
다이아몬드	diamant	디아멍
에메랄드	émeraude	에므호드
진주	perle	뻬흘르
루비	rubis	휘비
페리도트	péridot	뻬히도
사파이어	saphir	사피흐
오팔	opale	오빨
토파즈	topaze	또빠즈
터키석	turquoise	뛰흐꾸아즈

Unit 08 성격　　38쪽

한국어	프랑스어	발음
명랑하다	être gai(e)	애트흐 개
상냥하다	être sympathique	애트흐 쌩빠띡
친절하다	être gentil(le)	애트흐 졍띠(으)
당당하다	être fier(fière)	애트흐 씨에흐
야무지다	être déterminé(e)	애트흐 데떼흐미네
고상하다	être élégant(e)	애트흐 엘레겅(뜨)
통이 크다	être généreux(se)	애트흐 줴네회(즈)
눈치가 빠르다	avoir le nez creux	아부아흐 르 네 크회
솔직하다	être honnête	애트흐 오넷뜨
적극적이다	être actif(ve)	애트흐 악띠프(브)
사교적이다	être sociable	애트흐 쏘씨아블
꼼꼼하다	être méticuleux(se)	애트흐 메띠뀔뢰(즈)
덜렁거리다	être distrait(e)	애트흐 디스트해(뜨)
겁쟁이다	être peureux(se)	애트흐 뾔회(즈)
보수적이다	être conservateur(trice)	애트흐 꽁쎄흐바뙤흐(트히쓰)
개방적이다	être ouvert(e)	애트흐 우베흐(뜨)
뻔뻔하다	ne rougir de rien	느 후쥐흐 드 히앵
심술궂다	être méchant(e)	애트흐 메셩(뜨)
긍정적이다	être positif(ve)	애트흐 보지띠프(브)
부정적이다	être négatif(ve)	애트흐 네가띠프(브)
다혈질이다	avoir le sang chaud	아부아흐 르 썽 쇼
냉정하다	être calme	애트흐 깔므
허풍쟁이다	être prétentieux(se)	애트흐 프헤떵씨외(즈)
소심하다	être timide	애트흐 띠미드
소극적이다	être passif(ve)	애트흐 빠씨프(브)
자애롭다	être affectueux(se)	애트흐 아펙뛰외(즈)
겸손하다	être modeste	애트흐 모데스뜨

진실되다	être sincère	애트흐 쌩쎄흐
동정심이 많다	avoir de la compassion	아부아흐 들라 꽁빠씨옹
인정이 많다	avoir bon cœur	아부아흐 봉 꽤흐
버릇이 없다	être grossier(ère)	애트흐 그호씨에(흐)
잔인하다	être cruel(le)	애트흐 크휘엘
거만하다	être arrogant(e)	애트흐 아호겅(뜨)
유치하다	être infantile	애트흐 앵펑띨
내성적이다	être introverti	애트흐 앵트호베흐띠
외향적이다	être extraverti	애트흐 엑스트하베흐띠

관련단어 41쪽

성향	m penchant	뻥셩
기질	m tempérament	떵뻬하멍
울화통	f crise de colère	크히즈 드꼴래흐
성격	m caractère	까학때흐
인격	f personnalité	뻬흐쏜날리떼
태도	f attitude	아띠뛰드
관계	f relation	흘라씨옹
말투	m ton	똥
표준어	f langue standard	렁그 스떵다흐
사투리	m dialecte	디알렉뜨

Unit 09 종교 42쪽

천주교	m catholicisme	까똘리씨슴
기독교	m christianisme	크히스티아니슴
불교	m bouddhisme	부디슴
이슬람교	m islamisme	이슬라미슴
유대교	m judaïsme	쥐다이슴
무신론	m athéisme	아떼이슴

관련단어 43쪽

대성당	f cathédrale	까떼드할
교회	f église	에글리즈
절	m temple	떵쁠
성서/성경	f bible	비블
경전	m livre sacré	리브흐 사크헤
윤회	f rotation	호따씨옹
전생	f vie antérieure	비 엉떼히왜흐
성모마리아	Vierge Marie/ Notre Dame	비에흐쥬 마히/노트흐담
예수	Jésus	줴쥐
불상	f statue du Bouddha	스따뛰 뒤부다
부처	Bouddha	부다
종교	f religion	흘리쥐옹
신부	m prêtre	프해트흐
수녀	f religieuse	흘리쥐외즈
승려	m moine	무안
목사	m pasteur	빠쓰때흐

Chapter 02 신체

Unit 01 신체명 44쪽

머리	f tête	땟뜨
눈	œil/yeux	외이으/이외
코	m nez	네
입	f bouche	부슈
이	m dent	덩
귀	f oreille	오해이으
목	m cou	꾸
어깨	f épaule	에뽈
가슴	f poitrine	뿌아트힌
배	m ventre	벙트흐

손	**f** main	맹
다리	**f** jambe	쟝브
무릎	**m** genou	쥬누
발	**m** pied	삐에

등	**m** dos	도
머리카락	**m** cheveu(x)	슈뵈
팔	**m** bras	브하
허리	**f** taille / **m** reins	따이으/행
엉덩이	**f** hanche	엉슈
발목	**f** cheville	슈비으

(턱)수염	**f** barbe	바흐브
구레나룻	**f** moustache	무스따슈
눈꺼풀	**f** paupière	뽀삐애흐
콧구멍	**f** narines	나힌
턱	**m** menton	멍똥
눈동자	**f** pupille	쀠삐으
목구멍	**f** gorge	고흐쥬
볼/뺨	**f** joue	쥬
배꼽	**m** nombril	농브힐
손톱	**m** ongle	옹글
손목	**m** poignet	뿌아녜
손바닥	**f** paume de la main	뽐 들라맹
혀	**f** langue	렁그
피부	**f** peau	뽀
팔꿈치	**m** coude	꾸드

갈비뼈	**f** côte	꼬뜨
고막	**m** (membrane du) tympan	(멍브한 뒤) 땡뻥
달팽이관	**f** columelle	꼴뤼멜
뇌	**m** cerveau	쌔흐보
폐	**m** poumon	뿌몽
간	**m** foie	푸아
심장	**m** cœur	꽤흐
다리뼈	**m** os de jambe	오쓰 드 쟝브
근육	**m** muscle	뮈스끌
위	**m** estomac	에스또마
대장	**m** gros intestin	그호 쟁떼쓰땡
식도	**m** œsophage	외조파쥬

관련단어 47쪽

건강하다	être en bonne santé	애트흐 엉본 썽떼
근시	**m** myope	미옵
난시	**m** astigmatisme	아스띠그마띠슴
대머리	**m f** chauve	쇼브
동맥	**m** artère	아흐때흐
정맥	**f** veine	밴
맥박	**m** pouls	뿌
체중	**m** poids	뿌아
세포	**f** cellule	쎌뤌
소화하다	digérer	디줴헤
시력	**f** vue	뷔
주름살	**f** ride	히드
지문	**f** empreinte digitale	엉프행뜨 디쥐딸

Unit 02 병명 49쪽

천식	**m** asthme	아슴
고혈압	**f** hypertension artérielle	이빼흐떵씨옹 아흐떼히엘
소화불량	**f** indigestion	앵디줴스띠옹
당뇨병	**m** diabète	디아벳뜨
생리통	**f** douleur menstruelle	둘래흐 멍스트휘엘
알레르기	**f** allergie	알레흐쥐

283

한국어	프랑스어	발음
심장병	**f** maladie cardiaque	말라디 꺄흐디약
맹장염	**f** appendicite	아뻥디씨뜨
위염	**f** gastrite	가스트힛뜨
배탈	**m** estomac retourné	에스또마 흐뚜호네
감기	**m** rhume	휨
설사	**f** diarrhée	디아헤
장티푸스	**f** typhoïde	띠포이드
결핵	**f** tuberculose	뛰베흐뀔로즈
고산병	**m** mal des montagnes	말데몽따뉴
광견병	**f** rage	하쥬
뎅기열	**f** dengue	덩그
저체온증	**f** hypothermie	이뽀떼흐미
폐렴	**f** pneumonie	쁘뇌모니
식중독	**f** intoxication alimentaire	앵똑씨까씨웅 알리멍때흐
기관지염	**f** bronchite	브홍싯뜨
열사병	**m** coup de chaleur	꾸드샬래흐
치통	**m** mal aux dents	말오덩
간염	**f** hépatite	에빠띳뜨
고열	**f** hyperthermie	이뻬흐떼흐미
골절	**f** fracture	프학뛰흐
기억상실증	**f** amnésie	암네지
뇌졸중	**m** accident vasculaire cérébral	악씨덩 바스뀔래흐 쎄해브할
독감	**f** grippe	그힙
두통	**m** mal de tête	말드떼뜨
마약중독	**f** toxicomanie	똑씨꼬마니
불면증	**f** insomnie	앵솜니
비만	**f** obésité	오베지떼
거식증	**f** anorexie	아노헥씨
우두	**f** vaccin(e)	박쌩(씬)
암	**m** cancer	껑쌔흐
천연두	**f** variole	바히올
빈혈	**f** anémie	아네미

관련단어 52쪽

한국어	프랑스어	발음
가래	**f** glaire au fond de la gorge	글래흐 오퐁들 라고흐쥬
침	**f** salive	쌀리브
열	**f** chaleur	샬래흐
여드름	**m** bouton d'acné	부똥 다크네
블랙헤드	**m** point noir	뿌앵 누아흐
알레르기 피부	**f** peau allergique	뽀 알레흐쥑
콧물	**f** morve	모흐브
눈물	**f** larme	라흠
눈곱	**f** chassie	샤씨
치질	**f** hémorroïde	에모호이드
모공	**m** pore	뽀흐
각질	**f** cellule morte	쎌륄모흐뜨
피지	**m** sébum	쎄붐
코딱지	**f** crotte de nez	크홋드네

Unit 03 약명 53쪽

한국어	프랑스어	발음
아스피린	**f** aspirine	아스삐힌
소화제	**f** pastille digestive	빠스띠으 디줴스띠브
위장약	**m** remède pour l'estomac	흐메드 뿌흐 레스또마
반창고	**m** sparadrap	스빠하드하
수면제	**m** somnifères	솜니패흐
진통제	**m** calmant	깔멍
해열제	**m** fébrifuge	페브히퓌쥬

한국어	프랑스어	발음
멀미약	m antinaupathique	엉띠노빠띡
기침약	m médicament contre la toux	메디까멍 꽁트 흐 라 뚜
지혈제	m hémostatique	에모스따띡
소염제	m anti-inflammatoire	엉띠 앵플라마뚜아흐
소독약	m désinfectant	데쟁펙떵
변비약	m laxatif	락싸띠프
안약	m collyre	꼴리흐
붕대	m bandage	벙다쥬
지사제	m antidiarrhéique	엉띠디아헤익
감기약	m médicament contre le rhume	메디까멍 꽁트 흐 르힘
비타민	f vitamine	비따민
영양제	m fortifiant	포흐띠피엉
무좀약	m médicament contre pied d'athlète	메디까멍 꽁트 흐 삐에다 뜰렛

관련단어 55쪽

한국어	프랑스어	발음
건강검진	m examen médical	애그자맹 메디깔
내과의사	m interniste	앵떼흐니스뜨
노화	m vieillissement	비애이쓰멍
면역력	f immunité	이뮈니떼
백신(예방)접종	f vaccination (prévention)	박씨나씨옹(프헤벙씨옹)
병실	f chambre de malade	셩브흐 드 말라드
복용량	m dosage	도자쥬
부상	f blessure	블레쒸흐
부작용	f effet secondaire	에페 쓰공대흐
산부인과 의사	gynécologue	쥐네꼴로그
낙태	m avortement	아보흐뜨멍
소아과 의사	pédiatre	뻬디아트흐
식욕	m appétit	아뻬띠
식이요법	m régime diététique	헤짐 디에떼띡
수술	f opération chirurgicale	오뻬하씨옹 쉬휘흐쥐깔
외과의사	chirurgien(ne)	쉬휘흐지앵(앤)
치과의사	dentiste	덩띠스뜨
약국	f pharmacie	파흐마씨
약사	pharmacien(ne)	파흐마씨앵(앤)
의료보험	f assurance médicale	아쒸헝쓰 메디깔
이식하다	transplanter	트헝쓰블렁떼
인공호흡	f respiration artificielle	헤스삐하씨옹 아흐띠피씨엘
종합병원	m hôpital généraliste	오삐딸 줴네할리스뜨
침술	f acupressure	아뀌프헤쒸흐
중환자실	f unité de soins intensifs	위니떼 드 수앵 앵떵씨프
응급실	f salle d'urgence	쌀뒤흐졍쓰
처방전	f ordonnance	오흐도넝쓰
토하다	vomir	보미흐
어지럽다	avoir le vertige	아부아흐 르 베흐띠쥬
속이 메스껍다	avoir la nausée	아부아흐 라 노제

Unit 04 생리현상 57쪽

한국어	프랑스어	발음
트림	m rot	호
재채기	m éternuement	에떼흐뉘멍
한숨	m soupir	쑤삐흐
딸꾹질	m hoquet	오께
하품	m bâillement	바이멍
눈물	f larme	라흠

대변	(m) excrément	엑쓰크헤멍
방귀	(m) pet	뻬
소변	(f) urine	위힌

Chapter 03 감정, 행동 표현

Unit 01 감정   58쪽

통쾌하다	avoir une joie intense	아부아흐 원쥬아 앵떵쓰
흥분하다	exciter	엑씨떼
재미있다	être amusant(e)	애트흐 아뮈정(뜨)
행복하다	être heureux(se)	애트흐 왜회(즈)
즐겁다	être joyeux(se)	애트흐 주아외(즈)
좋다	être bon(ne)	애트흐 봉(본)
기쁘다	être content(e)	애트흐 꽁떵(뜨)
힘이 나다	avoir de la force	아부아흐 들라 포흐쓰
뿌듯하다	être bien fier(ère)	애트흐 비앵 피애호
짜릿하다	frissonner	프히쏘네
감격하다	être ému(e)	애트흐 에뮈
부끄럽다	avoir honte	아부아흐 옹뜨
난처하다	être embarrassé(e)	애트흐 엉바하쎄
외롭다	être solitaire	애트흐 쏠리때흐
재미없다	être sans intérêt	애트흐 썽쟁떼해
화나다	se mettre en colère	쓰매트흐 엉 꼴래흐
무섭다	avoir peur	아부아흐 빼흐
불안하다	être instable	애트흐 앵쓰따블
피곤하다	être fatigué(e)	애트흐 파띠게
불쾌하다	être désagréable	애트흐 데자그헤아블
괴롭다	être tourmenté(e)	애트흐 뚜흐멍떼
지루하다	être ennuyeux(se)	애트흐 엉뉘외(즈)
슬프다	être triste	애트흐 트히스뜨
억울하다	être opprimé(e)	애트흐 오프히메
비참하다	être misérable	애트흐 미제하블
짜증나다	s'énerver	쎄네흐베
초조하다	être impatient(e)	애트흐 앵빠씨엉(뜨)
무기력하다	être faible	애트흐 패블르
불편하다	être gêné(e)	애트흐 줴네
놀라다	être surpris(e)	애트흐 쉬흐프히(즈)
질투하다	être jaloux(se)	애트흐 잘루(즈)
사랑하다	aimer	애메
싫다	détester	데떼스떼
행운을 빕니다	souhaiter bonne chance	수애떼 본셩쓰
고마워요	remercier	흐메흐씨에

Unit 02 칭찬   61쪽

멋지다	être chouette	애트흐 슈에뜨
훌륭하다	être magnifique	애트흐 마니픽
굉장하다	être extraordinaire	애트흐 액쓰트하오흐디내흐
대단하다	être super(be)	애트흐 쉬뻬흐(브)
귀엽다	être mignon(ne)	애트흐 미뇽(논)
예쁘다	être joli(e)	애트흐 졸리
아름답다	être beau(belle)	애트흐 보(벨)
최고다	être le meilleur(la meilleure)	애트흐 르메이왜흐(라메이왜흐)
참 잘했다	Bien joué!	비앵 쥬에

Unit 03 행동   62쪽

한국어	프랑스어	발음
세수하다	faire sa toilette	패흐 싸뚜알렛
청소하다	nettoyer	네뚜아예
자다	dormir	도흐미흐
일어나다	se lever	쓸르베
먹다	manger	멍줴
마시다	boire	부아흐
요리하다	faire la cuisine	패흐라뀌진
설거지하다	faire la vaisselle	패흐라배쎌
양치질하다	se brosser les dents	쓰브호쎄 레덩
샤워하다	prendre une douche	프헝드흐 윈 두슈
옷을 입다	s'habiller	싸비에
옷을 벗다	se déshabiller	쓰데자비에
빨래하다	faire la lessive	패흐 라레씨브
쓰레기를 버리다	jeter les ordures	쥬떼 레조흐뒤흐
창문을 열다	ouvrir la fenêtre	우브히흐 라프네트흐
창문을 닫다	fermer la fenêtre	패흐메 라프네트흐
불을 켜다	allumer la lumière	알뤼메 라뤼미에흐
불을 끄다	éteindre la lumière	에땡드흐 라뤼미에흐
오다	venir	브니흐
가다	aller	알레
앉다	s'asseoir	싸쑤아흐
서다	rester debout	헤스떼 드부
걷다	marcher	마흐쉐
달리다	courir	꾸히흐
놀다	s'amuser	싸뮈제
일하다	travailler	트하바이에
웃다	rire	히흐
울다	pleurer	쁠뢔헤
나오다	sortir	쏘흐띠흐
들어가다	entrer	엉트헤
묻다	demander	드멍데
대답하다	répondre	헤뽕드흐
멈추다	s'arrêter	싸헤떼
움직이다	bouger	부줴
올라가다	monter	몽떼
내려가다	descendre	데썽드흐
박수 치다	applaudir	아쁠로디흐
찾다	chercher	쉐흐쉐
흔들다	secouer	쓰꾸에
춤추다	danser	덩쎄
뛰어오르다	bondir	봉디흐
넘어지다	tomber	똥베
읽다	lire	리흐
쓰다	écrire	에크히흐
던지다	jeter	쥬떼
잡다	prendre	프헝드흐
싸우다	se battre	쓰바트흐
말다툼하다	se disputer	쓰디스쀠떼
인사하다	saluer	쌀뤼에
대화하다	discuter	디스뀌떼

관련단어   65쪽

한국어	프랑스어	발음
격려하다	encourager	엉꾸하줴
존경하다	respecter	헤스뻭떼
지지하다	soutenir	쑤뜨니흐
주장하다	prétendre	프헤떵드흐
추천하다	recommander	흐꼬멍데
경쟁하다	rivaliser	히발리제
경고하다	avertir	아베흐띠흐
설득하다	convaincre	꽁뱅크흐
찬성하다	approuver	아프후베
반대하다	désapprouver	데자프후베
재촉하다	presser	프헤쎄
관찰하다	observer	옵쎄흐베
상상하다	imaginer	이마쥐네

기억하다	se souvenir	쓰쑤브니호
후회하다	regretter	흐그헤떼
신청하다	demander	드멍데
약속하다	promettre	프호매트흐
논평하다	commenter	꼬멍떼
속삭이다	murmurer	뮈흐뮈헤
허풍을 떨다	se vanter de	쓰벙떼 드
의식하다	prendre conscience de	프헝드흐 꽁씨엉쓰 드
추상적이다	être abstrait(e)	애트흐 압스트해(뜨)

Unit 04 인사　　　　　　　　　67쪽

안녕하세요.(해 있을 때 만나서 하는 인사)	Bonjour	봉쥬흐
저녁인사	Bonsoir	봉수아흐
처음 뵙겠습니다.	Enchanté(e)	엉성떼
부탁드립니다.	S'il vous plaît	씰부쁠래
잘 지내셨어요?	Vous allez bien?	부잘레 비엉
만나서 반갑습니다.	Ravi(e) de vous connaître.	하비드부꼬내트흐
오랜만이에요.	Ça fait longtemps qu'on ne s'est pas vus.	싸패 롱떵 꽁느쎄빠뷔
안녕히 가세요.	Au revoir.	오흐부아흐
곧 만나요.	À bientôt.	아비앵또
안녕히 주무세요.	Bonne nuit.	본뉘

Unit 05 축하　　　　　　　　　69쪽

생일 축하합니다	Bon anniversaire	본나니베흐쎄흐
결혼 축하합니다	Félicitations pour votre mariage.	펠리씨따씨옹 뿌흐보트흐마히아쥬
합격 축하합니다	Félicitations pour votre réussite.	펠리씨따씨옹 뿌흐보트흐헤위씻
졸업 축하합니다	Félicitations pour votre diplôme.	펠리씨따씨옹 뿌흐보트흐디쁠롬
명절 잘 보내세요	Bonne fête	본팻뜨
새해 복 많이 받으세요	Bonne année	본나네
메리 크리스마스	Joyeux Noël	쥬아외노엘

Chapter 04 교육

Unit 01 학교　　　　　　　　　70쪽

유치원	f école maternelle	에꼴 마떼흐넬
초등학교	f école élémentaire	에꼴 엘레멍때흐
중학교	m collège	꼴레쥬
고등학교	m lycée	리세
대학교	f université	위니베흐씨떼
학사	f licence	리썽쓰
석사	m master	마스떠흐
박사	m doctorat	독또하
대학원	f études universitaires du cycle supérieur	에뛰드 위니베흐씨때흐 뒤 씨끌 쉬뻬히왜흐

관련단어　　　　　　　　　71쪽

학원	f académie	아까데미
공립학교	f école publique	에꼴 쀠블릭
사립학교	f école privée	에꼴 프히베
교장	directeur(trice) d'école	디헥때흐(트히쓰) 데꼴
학과장	m chef de département	쉡 드 데빠흐뜨멍
신입생	m bizut/nouveau	비쥐/누보

학년	**f** année scolaire	아네스꼴래호

Unit 02 학교시설 72쪽

교정	**m** campus	껑쀠쓰
교문	**m** portail	뽀흐따이으
운동장	**f** cour de récréation	꾸흐 드 헤크헤아씨옹
교장실	**m** bureau du directeur	뵈흐 뒤 디헥때흐
사물함	**m** casier	까지에
강의실	**f** salle de cours	쌀드꾸흐
화장실	**f** toilettes	뚜알렛
교실	**f** salle de classe	쌀드끌라쓰
복도	**m** couloir	꿀루아흐
도서관	**f** bibliothèque	비블리오떽
식당	**m** restaurant	헤스또헝
기숙사	**f** cité universitaire	씨떼위니베흐씨떼흐
체육관	**f** gymnase	짐나즈
매점	**f** échoppe	에숍
교무실	**f** salle des professeurs	쌀데프호페쐐흐
실험실	**m** laboratoire	라보하뚜아흐

Unit 03 교과목 및 관련 단어 74쪽

영어	**m** anglais	엉글레
중국어	**m** chinois	쉬누아
일본어	**m** japonais	쟈뽀네
철학	**f** philosophie	필로조피
문학	**f** littérature	리떼하뛰흐
수학	**f** mathématiques	마떼마띡
경제	**f** économie	에꼬노미
상업	**m** commerce	꼬매흐쓰
기술	**f** technologie	떼끄놀로지
지리	**f** géographie	제오그하피
건축	**f** architecture	아흐쉬떽뛰흐
생물	**f** biologie	비올로지
화학	**f** chimie	쉬미
천문학	**f** astronomie	아스트호노미
역사	**f** histoire	이스뚜아흐
법률	**m** droit	드후아
정치학	**m** politique	뽈리띡
사회학	**f** sociologie	쏘씨올로지
음악	**f** musique	뮈직
체육	**f** éducation physique	에뒤까씨옹 피직
윤리	**f** éthique	에띡
물리	**f** physique	피직
받아쓰기	**f** dictée	딕떼
중간고사	**m** contrôle continu/ examen partiel	꽁트홀 꽁띠뉘/에그자맹 빠흐씨엘
기말고사	**m** examen final	에그자맹 피날
장학금	**f** bourse d'études	부흐쓰 데뛰드
입학	**f** entrée d'une école	엉트헤 뒨네꼴
졸업	**f** fin d'études	팽데뛰드
숙제	**m** devoir	드부아흐
시험	**m** examen	에그자맹
논술	**f** dissertation	디쎄흐따씨옹
채점	**f** correction	꼬헥씨옹
전공	**f** spécialité	스뻬씨알리떼
학기	**m** semestre	스메스트흐
등록금	**m** droit d'inscription	드후아 댕스크힙씨옹
컨닝하다	pomper/ tricher	뽕뻬/트히쉐

Unit 04 학용품 79쪽

한국어	성	프랑스어	발음
공책(노트)	m	cahier	까이에
지우개	f	gomme	곰
볼펜	m	stylo à bille	스띨로 아비으
연필	m	crayon	크해용
노트북	m	ordinateur portable	오흐디나뙈흐 뽀흐따블
책	m	livre	리브흐
칠판	m	tableau noir	따블로 누아흐
칠판지우개	m	effaceur de tableau noir	에파쐐흐 드 따블로 누아흐
필통	f	trousse	트후쓰
샤프펜슬	m	porte-mine	뽀흐뜨민
색연필	m	crayon de couleur	크해용 드 꿀뢔흐
압정	f	punaise	쀠내즈
만년필	m	stylo à plume	스띨로 아쁠륌
클립	m	trombone	트홍본
연필깎이	m	taille-crayon	따이으 크해용
크레파스	m	crayon pastel	크해용 빠스뗄
화이트	m	correcteur	꼬핵때흐
가위	m	ciseaux	씨조
풀	f	colle	꼴
물감	m	colorant	꼴로헝
잉크	m	encre	엉크흐
자	f	règle	해글르
스테이플러	f	agrafeuse	아그하푀즈
스케치북	m	carnet de croquis	까흐네 드 크호끼
샤프심	f	mine	민
칼	m	couteau tout usage	꾸또 뚜뛰자쥬
파일	m	fichier	피쉬에
매직펜	m	marqueur	마흐꽤흐
사인펜	m	feutre	패트흐
형광펜	m	surligneur	쉬흐리놰흐
테이프	m	ruban	휘벙
콤파스	f	boussole	부쏠

Unit 05 부호 82쪽

한국어	성	프랑스어	발음
더하기	f	addition	아디씨옹
빼기	f	soustraction	쑤스트학씨옹
나누기	f	division	디비지옹
곱하기	f	multiplication	뮐띠쁠리까씨옹
크다/작다		grand / petit	그헝/쁘띠
같다		égal	에걀
마침표	m	point final	뿌앵 피날
느낌표	m	point d'exclamation	뿌앵 덱쓰끌라마씨옹
물음표	m	point d'interrogation	뿌앵 댕떼호가씨옹
하이픈	m	trait d'union	트해뒤니옹
콜론	m	deux-points	되뿌앵
세미콜론	m	point-virgule	뿌앵 비호귈
따옴표	m	guillemets	기이메
생략기호	f	ellipse	에립쓰
at/골뱅이	f	arobase	아호바즈
루트	f	racine carrée	하씬 까헤
슬래시	f	barre oblique	바흐 오블릭

Unit 06 도형 84쪽

한국어	성	프랑스어	발음
정사각형	m	carré	까헤
삼각형	m	triangle	트히엉글
원	m	cercle	쎄흐끌
사다리꼴	m	trapèze	트하뻬즈
원추형	f	forme conique	포흠 꼬닉
다각형	m	polygone	뽈리곤

부채꼴	m secteur	섹뙈흐
타원형	m ovale	오발
육각형	m hexagone	에그자곤
오각형	m pentagone	뻥따곤
원기둥	m cylindre	씨랭드흐
평행사변형	m parallélogramme	빠하렐로그함
각뿔	f pyramide	삐하미드

Unit 07 숫자 86쪽

영	zéro	제호
하나	un(e)	앵(윈)
둘	deux	되
셋	troix	트후아
넷	quatre	꺄트흐
다섯	cinq	쌩끄
여섯	six	씨스
일곱	sept	쎗뜨
여덟	huit	윗뜨
아홉	neuf	놰프
열	dix	디스
이십	vingt	뱅
삼십	trente	트헝뜨
사십	quarante	꺄헝뜨
오십	cinquante	쌩껑뜨
육십	soixante	수아썽뜨
칠십	soixante-dix	수아썽뜨 디스
팔십	quatre-vingts	꺄트흐뱅
구십	quatre-vingt-dix	꺄트흐뱅디스
백	cent	썽
천	mille	밀
만	dix mille	디밀
십만	cent mille	썽밀
백만	un million	앵밀리옹
천만	dix millions	디밀리옹
억	cent millions	썽밀리옹
조	mille milliards	밀밀리야흐

Unit 08 학과 88쪽

국어국문학과	m département de langue et littérature coréennes	데빠흐뜨멍 드 렁그 에 리떼하뛰흐 꼬헤앤
영어영문학과	m département de langue et littérature anglaises	데빠흐뜨멍 드 렁그 에 리떼하뛰흐 엉글래즈
불어불문학과	m département de langue et littérature françaises	데빠흐뜨멍 드 렁그 에 리떼하뛰흐 프헝쎄즈
경영학과	m département de gestion	데빠흐뜨멍 드 줴스띠옹
정치외교학과	m département de science politique et relations internationales	데빠흐뜨멍 드 씨엉스뽈리띡 에 홀라씨옹 앵떼흐나씨오날
신문방송학과	m département de journalisme	데빠흐뜨멍 드 쥬흐날리슴
법학과	m département de droit	데빠흐뜨멍 드 드후아
전자공학과	m département d'électronique	데빠흐뜨멍 델렉트호닉
컴퓨터공학과	m département d'informatique	데빠흐뜨멍 댕포흐마띡
물리학과	m département de physique	데빠흐뜨멍 드 피직

의학과	m département de médecine	데빠흐뜨멍 드 맷드씬
간호학과	m département de soins infirmiers	데빠흐뜨멍 드 수앵 쟁피흐미에
약학과	m département de pharmacie	데빠흐뜨멍 드 파흐마씨

Chapter 05 계절/월/요일

Unit 01 계절　　　　　　　　　　90쪽

봄	m printemps	프행떵
여름	m été	에떼
가을	m automne	오똔
겨울	m hiver	이베흐

Unit 02 요일　　　　　　　　　　91쪽

월요일	m lundi	랭디
화요일	m mardi	마흐디
수요일	m mercredi	맥크흐디
목요일	m jeudi	죄디
금요일	m vendredi	벙드흐디
토요일	m samedi	쌈디
일요일	m dimanche	디멍슈

Unit 03 월　　　　　　　　　　92쪽

1월	m janvier	정비에
2월	m février	페브히에
3월	m mars	마흐쓰
4월	m avril	아브힐
5월	m mai	매
6월	m juin	쥐앵
7월	m juillet	쥐이에
8월	m août	웃뜨
9월	m septembre	셉떵브흐
10월	m octobre	옥또브흐
11월	m novembre	노벙브흐
12월	m décembre	데썽브흐

Unit 04 일　　　　　　　　　　93쪽

1일	le 1^{er}(premier)	르 프흐미에
2일	le 2(deux)	르되
3일	le 3(trois)	르트후아
4일	le 4(quatre)	르꺄트흐
5일	le 5(cinq)	르쌩끄
6일	le 6(six)	르씨쓰
7일	le 7(sept)	르쎗뜨
8일	le 8(huit)	르윗뜨
9일	le 9(neuf)	르놰프
10일	le 10(dix)	르디쓰
11일	le 11(onze)	르옹즈
12일	le 12(douze)	르두즈
13일	le 13(treize)	르트해즈
14일	le 14(quatorze)	르꺄또흐즈
15일	le 15(quinze)	르깽즈
16일	le 16(seize)	르쌔즈
17일	le 17(dix-sept)	르디쎗뜨
18일	le 18(dix-huit)	르디즈윗뜨
19일	le 19(dix-neuf)	르디즈놰프
20일	le 20(vingt)	르뱅
21일	le 21(vingt et un)	르뱅떼앵
22일	le 22(vingt-deux)	르뱅뜨되
23일	le 23(vingt-trois)	르뱅뜨트후아
24일	le 24(vingt-quatre)	르뱅뜨꺄트흐
25일	le 25(vingt-cinq)	르뱅뜨쌩끄
26일	le 26(vingt-six)	르뱅뜨씨쓰
27일	le 27(vingt-sept)	르뱅뜨쎗뜨

28일	le 28(vingt-huit)	르뱅뗑뜨
29일	le 29(vingt-neuf)	르뱅뜨놰프
30일	le 30(trente)	르트헝뜨
31일	le 31(trente et un)	르트헝떼앵

관련단어 95쪽

달력	m calendrier	깔렁드히에
다이어리	m agenda	아정다
노동절	f fête du travail	팻뒤트하바이으
크리스마스	Noël	노엘
신년, 1월1일	m Nouvel An	누벨렁
국경일	f Fête nationale	팻뜨나씨오날

Unit 05 시간 96쪽

새벽	f aube	오브
아침	m matin	마땡
오전	m matin	마땡
점심	m midi	미디
오후	m après-midi	아프헤미디
저녁	m soir	수아흐
밤	f nuit	뉘
시	f heure	왜흐
분	f minute	미닛뜨
초	f seconde	쓰공드
어제	hier	이에흐
오늘	aujourd'hui	오쥬흐뒤
내일	demain	드맹
내일모레	après-demain	아프헤드맹
하루	m jour	쥬흐

관련단어 98쪽

지난주	la semaine dernière	라쓰맨 데흐니에흐
이번 주	cette semaine	셋뜨스맨
다음 주	la semaine prochaine	라쓰맨 프호쉔
일주일	une semaine	윈쓰맨
한 달	un mois	앵무아
일 년	un an	앤넝

Chapter 06 자연과 우주

Unit 01 날씨 표현 100쪽

맑은	clair	끌래흐
따뜻한	chaud	쇼
화창한	ensoleillé	엉쏠레이에
더운	chaud	쇼
흐린	nuageux	뉘아죄
안개 낀	brumeux	브휘뫼
습한	humide	위미드
시원한	frais	프해
쌀쌀한	frisquet	프히스께
추운	froid	프후아
장마철	f saison des pluies	쌔종데쁠뤼
천둥	m tonnerre	또네흐
번개	f foudre	푸드흐
태풍	m typhon	띠퐁
비가 오다	Il pleut	일쁠뢰
비가 그치다	Il ne pleut plus	일느쁠뢰쁠뤼
무지개가 뜨다	Il se forme un arc-en-ciel	일쓰포흠 앤낙 껑씨엘
바람이 불다	Il y a du vent.	일리아 뒤벙
눈이 내리다	Il neige.	일내쥬
얼음이 얼다	Il gèle.	일젤
서리가 내리다	Le givre tombe.	르쥐브흐똥브

Unit 02 날씨 관련 102쪽

해	m soleil	쏠레이으
구름	m nuage	뉘아쥬

비	**f** pluie	쁠뤼
바람	**m** vent	벙
눈	**f** neige	네쥬
고드름	**f** stalactite	스딸락띠뜨
별	**f** étoile	에뚜알
달	**f** lune	륀
우주	**m** univers	위니베흐
우박	**m** grêlon	그헬롱
홍수	**f** inondation	이농다씨옹
가뭄	**f** sécheresse	쎄슈헤쓰
지진	**m** tremblement de terre	트헝블르멍 드 떼흐
자외선	**m** rayons ultraviolets	해이용 월트하비올레
열대야	**f** nuit tropicale	뉘 트호삐깔
오존층	**f** couche d'ozone	꾸슈 도존
화산(화산폭발)	**m** volcan (éruption)	볼껑 에흽씨옹

관련단어 103쪽

토네이도	**f** tornade	또호나드
고기압	**m** anticyclone	엉띠씨끌론
한랭전선	**m** front froid	프홍 프후아
온도	**f** température	떵뻬하뛰흐
한류	**m** courant marin froid	꾸헝 마행 프후아
난류	**m** courant marin chaud	꾸헝 마행 쇼
저기압	**m** cyclone	씨끌론
일기예보	**f** prévision météo	프헤비지옹 메떼오
계절	**f** saison	쌔종
화씨	**m** Fahrenheit	파하나이뜨
섭씨	**m** Celsius	쎌씨위쓰
연무	**m** brouillard	브후이아흐

아지랑이	**f** brume	브휨
진눈깨비	**f** neige fondue	내쥬 퐁뒤
강우량	**f** pluviosité	쁠뤼비오지떼
미풍	**f** brise	브히즈
돌풍	**f** bourrasque	부하쓰끄
폭풍	**m** orage	오하쥬
대기	**f** atmosphère	아뜨모쓰패흐
공기	**m** air	애흐

Unit 03 우주 환경과 오염 105쪽

지구	**f** Terre	때흐
수성	**m** Mercure	매흐뀌흐
금성	**f** Vénus	베뉘스
화성	**m** Mars	막쓰
목성	**m** Jupiter	쥐삐떼흐
토성	**m** Saturne	싸뛰흔
천왕성	**m** Uranus	위하뉘쓰
명왕성	**m** Pluton	쁠뤼똥
태양계	**m** système solaire	씨스땜 쏠래흐
외계인	extraterrestre	엑스트하떼헤스트흐
행성	**f** planète	쁠라넷
은하계	**f** Voie lactée	부아락떼
북두칠성	**f** Grande Casserole	그헝드 까쓰홀
카시오페이아	**f** Cassiopée	까씨오뻬
큰곰자리	**f** Grande Ourse	그헝두호쓰
작은곰자리	**f** Petite Ourse	쁘띠뚜흐쓰
환경	**m** environnement	엉비홍멍
파괴	**f** destruction	데스트휙씨옹
멸망	**f** chute	쉿뜨
재활용	**m** recyclage	흐씨끌라쥬
쓰레기	**m** déchets	데쉐

쓰레기장	m dépôt d'ordures	데뽀 도흐뒤흐
하수 오물	f eaux usées	오위제
폐수	f eaux polluées	오뽈뤼에
오염	f pollution	뽈뤼씨옹
생존	f survie	쉬흐비
자연	f nature	나뛰흐
유기체	m organisme	오흐가니슴
생물	être vivant	애트흐 비벙
지구온난화	m réchauffement climatique	헤쇼프멍 끌리마띡
보름달	f pleine lune	쁠랜 륀
반달	f demi-lune	드미륀
초승달	m croissant	크후아썽
유성	m météore	메떼오흐
위도	f latitude	라띠뛰드
경도	f longitude	롱쥐뛰드
적도	m Equateur	에꾸아때흐
일식	f éclipse de soleil	에끌립쓰 드 쏠레이

Unit 04 동식물 108쪽

포유류	m mammifères	마미패흐
사슴	m cerf	쎄흐
고양이	m chat	샤
팬더(판다)	m panda	뻥다
사자	m lion	리옹
호랑이	m tigre	띠그흐
기린	f girafe	쥐핲
곰	m ours	우흐쓰
다람쥐	m écureuil	에뀌홰이으
낙타	m chameaux	샤모
염소	f chèvre	쉐브흐
표범	f panthère	뻥때흐
여우	m renard	흐나흐

늑대	m loup	루
고래	f baleine	발랜
코알라	m koala	꼬알라
양	m mouton	무똥
코끼리	m éléphant	엘레펑
돼지	m porc	뽀흐
말	m cheval	슈발
원숭이	m singe	쌩쥬
하마	m hippopotame	이뽀뽀땀
얼룩말	m zèbre	제브흐
북극곰	m ours blanc	우흐쓰 블렁
바다표범	f panthère	뻥때흐
두더지	f taupe	똡
개	m chien	쉬앵
코뿔소	m rhinocéros	히노쎄호쓰
쥐	m rat	하
소	m bœuf	봬프
토끼	m lapin	라뺑
레드판다	m panda roux	뻥다 후
캥거루	m kangourou	껑구후
박쥐	f chauve-souris	쇼브쑤히

곤충/거미류	m Insectes / m arachnides	110쪽
모기	m moustique	무스띡
파리	f mouche	무슈
벌	f abeille	아베이으
잠자리	f libellule	리베륄
거미	f araignée	아해네
매미	f cigale	씨갈
바퀴벌레	m cafard	까파흐
귀뚜라미	m grillon	그히옹
풍뎅이	m scarabée	스까하베
무당벌레	f coccinelle	꼭씨넬
반딧불이	f luciole	뤼씨올

한국어	프랑스어	발음
메뚜기	f sauterelle	소뜨헬
개미	f fourmi	푸흐미
사마귀	f mante	멍뜨
나비	m papillon	빠삐용
전갈	m scorpion	스꼬흐비용
소금쟁이	f araignée d'eau	아해네 도

조류 — 111쪽

한국어	프랑스어	발음
조류	m oiseaux	
독수리	m aigle	애글
부엉이	m hibou	이부
매	m faucon	포꽁
까치	f pie	삐
까마귀	f corneille	꼬흐네이으
참새	m moineau	무아노
학	f grue	그휘
오리	m canard	꺄나흐
펭귄	m pingouin	뺑구앵
제비	f hirondelle	이홍델
닭	m coq	꼭
공작	m paon	뻥
앵무새	m perroquet	뻬호께
기러기	f oie sauvage	우아 쏘바쥬
거위	f oie	우아
비둘기	m pigeon	삐죵
딱따구리	m pic	삑

파충류/양서류 — 112쪽

한국어	프랑스어	발음
파충류/양서류	m reptiles / m amphibiens	
보아뱀	m boa	보아
도마뱀	m lézard	레자흐
이구아나	m iguana	이구아나
코브라	m cobra	꼬브하
두꺼비	m crapaud	크하뽀
올챙이	m têtard	떼따흐
도롱뇽	f salamandre	쌀라멍드흐

한국어	프랑스어	발음
개구리	f grenouille	그흐누이으
악어	m crocodile	크호꼬딜
거북이	f tortue	또흐뛰
뱀	m serpent	쎄흐뻥
지렁이	m ver de terre	베흐 드 떼흐
카멜레온	m caméléon	까멜레옹

관련단어 — 113쪽

한국어	프랑스어	발음
더듬이	f antenne	엉뗀
번데기	f pupe	쀠쁘
알	m œuf	왜프
애벌레	f larve	라흐브
뿔	f corne	꼬흔
발톱	m ongle de pied	옹글 드뻬에
꼬리	f queue	끄
발굽	m sabot	싸보
동면하다	hiberner	이베흐네
부리	m bec	벡
깃털	f plume	쁠림
날개	f aile	앨
둥지	m nid	니

어류/연체동물/갑각류 — 114쪽

한국어	프랑스어	발음
어류/연체동물/갑각류	m poissons / m mollusques / m crustacé	
연어	m saumon	쏘몽
잉어	f carpe	까흐쁘
대구	f morue	모휘
붕어	m carassin	까하쌩
복어	m fugu	퓌귀
문어	f pieuvre	삐외브흐
오징어	m calamar	깔라마흐
게	m crabe	크합
꼴뚜기	m petit poulpe	쁘띠뿔쁘
낙지	m poulpe	뿔쁘

새우	f crevette	크호벳뜨
가재	f écrevisse	에크호비쓰
메기	m poisson-chat	뿌아쏭샤
상어	m requin	흐깽
해파리	f méduse	메뒤즈
조개	m coquillage	꼬끼야쥬
불가사리	f étoile de mer	에뚜알 드매흐
달팽이	m escargot	에스까흐고

관련단어 115쪽

비늘	f écaille	에까이으
아가미	f branchies	브헝쉬
물갈퀴발	f palmure	빨뮈흐
지느러미	f nageoire	나쥬아흐

식물(꽃/풀/야생화/나무)	f plantes (fleur / herbe / fleurs sauvages / arbre)	116쪽
무궁화	f rose de Sharon	호즈 드샤혼
코스모스	m cosmos	꼬스모스
수선화	f jonquille	종끼으
장미	f rose	호즈
데이지	f marguerite	마흐그히뜨
아이리스	m iris	이히스
동백꽃	m camélia	까멜리아
벚꽃	f fleur de cerisier	플래흐 드쓰히지에
나팔꽃	m iseron	이즈홍
라벤더	f lavande	라벙드
튤립	f tulipe	뛸립
제비꽃	m violet	비올렛
안개꽃	f gypsophila elegans	집소필라 엘레겅쓰
해바라기	m tournesol	뚜흐쏠

진달래	f azalée	아잘레
민들레	m pissenlit	삐썽리
캐모마일	m camomille	까모미으
클로버	m trèfle	트헤플
강아지풀	m vulpin	뷜뺑
고사리	f fougère aigle	푸줴흐 애글
잡초	f mauvaise herbe	모배제흐브
억새풀	m eulalia	외랄리아
소나무	m pin	뺑
메타세콰이아	m metasequoia glyptostroboides	메따세꾸아이아 글립또스트호보이드
감나무	m plaqueminier	쁠라끄미니에
사과나무	m pommier	뽀미에
석류나무	m grenadier	그흐나디에
밤나무	m châtaignier	샤때니에
은행나무	m ginkgo	찡꼬
배나무	m poirier	뿌아히에
양귀비꽃	f fleur de pavot	플래흐 드빠보

관련단어 118쪽

뿌리	f racine	하씬
잎	f feuille	푀이으
꽃봉오리	m bourgeon	부흐종
꽃말	f langue de fleurs	렁그드플래흐
꽃가루	m pollen	뽈랜
개화기	f floraison	플로해종
낙엽	f feuille morte	푀이으 모흐뜨
단풍	m érable	에하블
거름	m fumier	퓌미에
줄기	m tronc	트홍

Chapter 07 주거 관련

Unit 01 집의 종류　　　　　120쪽

한국어	성	프랑스어	발음
아파트	m	appartement	아빠흐뜨멍
전원주택	m	cottage	꼬따쥬
일반주택	f	maison	매종
다세대주택	f	maison multifamiliale	매종 뮐띠파밀리알
오피스텔	m	studio	쓰뛰디오
오두막집	f	cabane	까반
별장	f	villa	빌라
하숙집	f	pension de famille	뻥씨옹 드 파미으

관련단어　　　　　121쪽

한국어	성	프랑스어	발음
살다		habiter	아비떼
주소	f	adresse	아드헤쓰
임차인		locataire	로까때흐
임대인		propriétaire	프호프히에때흐
가정부	f	femme de ménage	팜드메나쥬
월세	m	loyer	루아예

Unit 02 집의 부속물　　　　　122쪽

한국어	성	프랑스어	발음
대문	f	porte	뽀흐뜨
담	m	mur	뮈흐
정원	m	jardin	쟈흐댕
우편함	f	boîte aux lettres	부앗또래트흐
차고	m	garage	갸하쥬
진입로	f	voie d'accès	부아닥쎄
굴뚝	f	cheminée	슈미네
지붕	m	toit	뚜아
계단	m	escalier	에스깔리에
벽	m	mur	뮈흐
테라스	f	terrasse	떼하쓰
창고	m	entrepôt	엉트흐뽀
다락방	m	grenier	그흐니에
옥상	m	toit en terrasse	뚜아엉떼하쓰
현관	f	entrée	엉트헤
지하실	f	cave	까브
위층	m	étage au dessus	에따쥬 오드쉬
아래층	m	étage au-dessous	에따쥬 오드수
안마당 뜰	f	cour	꾸흐
기둥	m	pilier	삘리에
울타리	f	clôture	끌로뛰흐
자물쇠	f	serrure	쎄휘흐

Unit 03 거실용품　　　　　124쪽

한국어	성	프랑스어	발음
거실	f/m	salle de séjour / séjour	쌀드쎄쥬흐 / 쎄쥬흐
창문	f	fenêtre	프네트흐
책장	f	bibliothèque	비블리오떽
마루	m	parquet	빠흐께
카펫	m	tapis	따삐
테이블	f	table	따블
장식장	f	armoire décorative	아흐무아흐 데꼬하띠브
에어컨	m	climatiseur	끌리마띠좨흐
소파	m	canapé	까나뻬
커튼	m	rideau	히도
달력	m	calendrier	깔렁드히에
액자	m	cadre	꺄드흐
시계	f	horloge	오흐로쥬
벽난로	f	cheminée	슈미네
꽃병	m	vase à fleurs	바즈 아플래흐
텔레비전	f	télévision	뗄레비지옹
컴퓨터	m	ordinateur	오흐디나퐤흐
노트북	m	ordinateur portable	오흐디나퐤흐 뽀흐따블

한국어	프랑스어	발음
진공청소기	m aspirateur	아스삐하뙈흐
스위치를 끄다	éteindre	에땡드흐
스위치를 켜다	allumer	알뤼메

Unit 04 침실용품 126쪽

한국어	프랑스어	발음
침대	m lit	리
자명종/알람시계	m réveil	헤베이으
매트리스	m matelas	마뜰라
침대시트	m drap de lit	드하들리
슬리퍼	f pantoufle	뻥뚜플
이불	f couverture	꾸베흐뛰흐
베개	m oreiller	오헤이에
화장대	f coiffeuse	꾸아피즈
화장품	m produits de beauté	프호뒤 드보떼
옷장	m placard	쁠라까흐
잠옷	m pyjama	삐쟈마
쿠션	m coussin	꾸쌩
쓰레기통	f poubelle	뿌벨
천장	m plafond	쁠라퐁
전등	f lampe	렁쁘
스위치	m commutateur	꼬뮈따뙈흐
공기청정기	m purificateur d'air	쀠히피까뙈흐 대흐
일어나다	se lever	쓸르베
자다	dormir	도흐미흐

Unit 05 주방 128쪽

한국어	프랑스어	발음
냉장고	m réfrigérateur/ frigo	헤프히줴하뙈흐/프히고
전자레인지	m four micro-ondes	푸흐 미크호옹드
환풍기	m ventilateur	벙띨라뙈흐
가스레인지	f cuisinière à gaz	퀴지니애흐 아 갸즈
싱크대	m évier	에비에
주방조리대	f table de cuisine	따블 드뀌진
오븐	m four	푸흐
수납장	f armoire	아흐무아흐
접시걸이선반	f étagère à vaisselle	에따줴흐 아 배셀
식기세척기	m lave-vaisselle	라브배쎌

Unit 06 주방용품 130쪽

한국어	프랑스어	발음
도마	f planche à découper	쁠렁슈 아데꾸뻬
프라이팬	poêle à frire	뿌알아프히흐
믹서기	m mixeur	믹쎄흐
주전자	f bouilloire	부이우아흐
앞치마	m tablier	따블리에
커피포트	f cafetière	까프띠에흐
칼	m couteau	꾸또
뒤집개	f spatule	스빠뛸
주걱	f spatule à riz	스빠뛰 아히
전기밥솥	m autocuiseur électrique	오또뀌좨흐 엘렉트힉
머그컵	f tasse à café	따쓰아까페
토스터기	m grille-pain	그히으뺑
국자	f louche	루슈
냄비	f casserole	까쓰홀
수세미	f éponge	에뽕쥬
주방세제	f liquide vaisselle	리끼드배쎌
알루미늄호일	f feuille d'aluminium	푀이으 달뤼미니옴
병따개	m ouvre-bouteille	우브흐부떼이으
젓가락	f baguettes	바겟뜨
포크	f fourchette	푸흐쉣뜨

숟가락	**f** cuillère	퀴이에흐
접시	**f** assiette	아씨엣뜨
소금	**m** sel	쎌
후추	**m** poivre	뿌아브흐
조미료	**f** épice	애삐쓰
음식을 먹다	manger	멍줴

Unit 07 욕실용품   133쪽

거울	**m** miroir	미후아흐
드라이기	**m** sèche-cheveux	쎄슈슈뵈
세면대	**m** lavabo	라바보
면도기	**m** rasoir	하주아흐
면봉	**m** coton-tige	꼬똥띠쥬
목욕바구니	**m** panier de bain	빠니에 드뱅
바디로션	**f** lotion pour le corps	로씨옹 뿌흐 르꼬흐
배수구	**f** canalisation	까날리자씨옹
변기	**f** cuvette des toilettes	퀴벳뜨 데뚜알렛
비누	**m** savon	싸봉
욕실커튼	**m** rideau de douche	히도 드두슈
빗	**m** peigne	빼뉴
샤워가운	**f** robe de douche	홉드두슈
샤워기	**f** pomme de douche	뽐드두슈
샴푸	**m** shampooing	셩뿌앵
린스	**m** après-shampooing	아프헤 셩뿌앵
수건걸이	**m** porte-serviette	뽀흐뜨 쎄흐비엣
수건	**f** serviette de toilette	쎄흐비엣 드 뚜알렛
수도꼭지	**m** robinet	호비네
욕실매트	**m** tapis de bain	따삐드뱅
욕조	**f** baignoire	배뉴아흐
체중계	**f** balance	발렁쓰
치약	**m** dentifrice	덩띠프히쓰
칫솔	**f** brosse à dents	브호쓰 아덩
화장지	**m** papier hygiénique	빠삐에 이쥐에닉
치실	**m** fil dentaire	필덩때흐

관련단어   135쪽

이를 닦다	se brosser les dents	쓰브호쎄 레덩
헹구다	rincer	행쎄
씻어내다	se laver	쓰라베
말리다	se sécher	쓰쎄쉐
면도를 하다	se raser	쓰하제
머리를 빗다	se peigner	쓰뻬녜
샤워를 하다	prendre une doche	프헝드흐 윈두슈
변기에 물을 내리다	tirer la chasse d'eau	띠헤 라샤쓰도
머리를 감다	se laver les cheveux	쓰라베 레슈뵈
목욕하다(욕조에 몸을 담그고 하는)	prendre un bain	프헝드흐 앵뱅

Chapter 08 음식

Unit 01 과일   136쪽

연무	**f** pomme de cire	뽐드씨흐
용안	**m** longane	롱간
리치	**m** litchi	리취
망고	**f** mangue	멍그
비파	**f** nèfle du Japon	네쁠 뒤쟈뽕
구아바	**f** goyave	고야브

한국어	프랑스어	발음
산사	**f** aubépine	오베삔
유자	**m** citron	씨트홍
람부탄	**m** rambutan	헝부떵
사과	**f** pomme	뽐
배	**f** poire	뿌아흐
귤	**f** clémentine	끌레멍띤
망고스틴	**m** mangoustan	멍구스떵
수박	**f** pastèque	빠스떽
복숭아	**f** pêche	뻬슈
멜론	**m** melon	믈롱
오렌지	**f** orange	오헝쥬
레몬	**m** citron	시트홍
바나나	**f** banane	바난
자두	**f** prune	프휜
두리안	**m** durian	뒤히엉
살구	**m** abricot	아브히꼬
감	**m** kaki	까끼
참외	**m** melon jaune	믈롱 존
파인애플	**m** ananas	아나나(쓰)
키위	**m** kiwi	끼위
코코넛	**m** noix de coco	누아드꼬꼬
사탕수수	**f** canne à sucre	깐아쉬크흐
포도	**m** raisin	해쟁
밤	**f** châtaigne	샤때뉴
대추	**m** jujube	쥐쥡
딸기	**f** fraise	프해즈
건포도	**m** raisin sec	해쟁쎅
체리	**f** cerise	쓰히즈
블루베리	**f** myrtille	미호띠으
라임	**f** lime	림
무화과	**f** figue	피그
석류	**f** grenade	그호나드

Unit 02 채소, 뿌리식물 139쪽

한국어	프랑스어	발음
고수나물	**f** coriandre	꼬히엉드흐
셀러리	**m** céleri	쎌르히
양상추	**f** laitue iceberg	래뛰 아이쓰베흐그
애호박	**f** courgette	꾸흐젯
당근	**f** carotte	까홋뜨
피망	**m** poivron	뿌아브홍
버섯	**m** champignon	셩삐뇽
감자	**f** pomme de terre	뽐드떼흐
고추	**m** piment	삐멍
토마토	**m** tomate	또마뜨
무	**m** radis	하디
배추	**m** chou chinois	슈쉬누아
마늘	**m** ail	아이으
우엉	**f** bardane	바흐단
상추	**f** laitue	래뛰
시금치	**m** épinards	에삐나흐
양배추	**m** chou	슈
브로콜리	**m** broccoli	브호꼴리
양파	**m** oignon	오뇽
호박	**f** citrouille	씨트후이으
고구마	**f** patate douce	빠따뜨 두쓰
오이	**m** concombre	꽁꽁브흐
파	**m** poireau	뿌아호
콩나물	**m** germes de haricots	제흠 드아히꼬
생강	**m** gingembre	쟁정브흐
미나리	**m** persil japonais	뻬흐씰 쟈뽀내
옥수수	**m** maïs	마이쓰
가지	**f** aubergine	오베흐진

송이버섯	m champignon des pins	성삐뇽 데뺑	갈치	m coutelas	꾸뜰라
죽순	f pousse de bambou	뿌쓰 드벙브	게	m crabe	크합
파슬리	m persil	뻬흐씨	잉어	f carpe	까홉
도라지	f campanule	껑빠뉠	붕어	m carassin	까하쌩
깻잎	f feuille de sésame	푀이으 드쎄잠	문어	f pieuvre	삐외브흐
고사리	f fougère	푸줴흐	가재	f écrevisse	에크흐비쓰
청양고추	m piment chili de cheongyang	삐멍 쉴리 드 청냥	민어	m merlan	메흐렁
			멍게	f ascidie	아씨디
			성게	m oursin	우흐쌩
팽이버섯	f collybie à pied velouté	꼴리비 아삐에 블루떼	방어	f sériole	쎄히올
			해삼	f concombre de mer	꽁꽁브흐 드 매흐
올리브	f olive	올리브	명태	m merlan	메흐렁
쑥갓	m glebionis coronaria	글르비오니스 꼬호나히아	삼치	m maquereau espagnol	마끄호 에스빠뇰
인삼	m ginseng	쟁셍	미더덕	f ascidie plissée	아씨디 쁠리쎄
홍삼	m ginseng rouge	쟁셍 후쥬	굴	f huître	위트흐
			광어	m cardeau	까흐도
			고래	f baleine	발랜

Unit 03 수산물, 해조류   142쪽

오징어	m calamar	깔라마흐
송어	f truite	트휫뜨
우럭	m sébaste	쎄바스뜨
가물치	m poisson à tête de serpent	뿌아쏭 아뗏드 쎄흐뻥
고등어	m maquereau	마끄호
참조기	f ombrine	옹브힌
메기	m poisson-chat	뿌아쏭 샤
복어	m fugu	퓌귀
새우	f crevette	크흐벳뜨
대구	f morue	모휘
연어	m saumon	쏘몽
전복	m ormeau	오흐모
가리비 조개	f coquille Saint-Jacques	꼬끼으 쌩작

북어	m merlan séché	메흐렁 쎄쉐
미역	f algue brune	알그 브휜
김	f feuille d'algue séchée	푀이으 달그 쎄쉐

Unit 04 육류   145쪽

소고기	m bœuf	봬프
돼지고기	m porc	뽀흐
닭고기	m poulet	뿔래
칠면조	m dindon	댕동
베이컨	m bacon	베이컨
햄	m jambon	졍봉
소시지	f saucisse	쏘씨쓰
육포	m bœuf séché	봬프 쎄쉐
양고기	m agneau	아뇨

Unit 05 음료수 146쪽

한국어	성	프랑스어	발음
콜라(코카콜라)	m	coca	꼬까
사이다(스프라이트)	m	cidre	씨드흐
커피	m	café	까페
핫초코	m	chocolat chaud	쇼꼴라 쇼
홍차	m	thé	떼
녹차	m	thé vert	떼베흐
밀크버블티	m	thé à bulles de lait	떼 아뷜들래
자스민차	m	thé au jasmin	떼오자스맹
밀크티	m	thé au lait	떼올래
우유	m	lait	래
두유	m	lait de soja	래드쏘쟈
생수	f	eau en bouteille	오 엉부떼이으
오렌지주스	m	jus d'orange	쥐도헝쥬
레모네이드	f	limonade	리모나드
요구르트	m	yaourt	야우흐트

Unit 06 기타식품 및 요리재료 148쪽

한국어	성	프랑스어	발음
치즈	m	fromage	프호마쥬
요거트	m	yaourt	야우흐트
아이스크림	f	glace	글라쓰
분유	m	lait en poudre	래 엉뿌드흐
버터	m	beurre	뵈흐
참치	m	thon	똥
식용유	f	huile	윌
간장	f	sauce de soja	쏘쓰 드쏘쟈
소금	m	sel	쎌
설탕	m	sucre	쒸크흐
식초	m	vinaigre	비내그흐
참기름	f	huile de sésame	윌 드쎄잠
후추	m	poivre	뿌아브흐
달걀	m	œuf	왜프

Unit 07 대표요리 150쪽
프랑스 음식

한국어	성	프랑스어	발음
바게뜨	f	baguette	바겟뜨
크루아상	m	croissant	크후아썽
타르트	f	tarte	따흐뜨
크레페	f	crêpe	크헵
에스카르고	m	escargot	에스까호고
푸아그라	m	foie gras	푸아그하
햄버거	m	hamburger	엉버거
꼬꼬뱅	m	coq au vin	꼭꼬뱅
부이야베스	f	bouillabaisse	부이아배쓰
스테이크프리트	m	steak-frites	스테익프히뜨
피자	f	pizza	삐자
물프리트(홍합-감자튀김)	f	moules-frites	물프힛뜨
칠면조 구이	f	dinde rôtie	댕드 호띠
핫도그	m	hot-dog	홋독
마카로니 앤 치즈	m	macaroni au fromage	마까호니 오프호마쥬
클램 차우더	m	ragoût de palourdes	하구 드빠루흐드
포테이토칩	f	chips	쉽쓰
바비큐	m	barbecue	바흐브큐
파스타	f	pâtes	빳뜨
샌드위치	m	sandwich	썽드위취
파니니	m	panini	빠니니
프라이드치킨	m	poulet rôti	뿔레 호띠
리조또	m	risotto	히조또
피시 앤 칩스	m	fish & chips	피슈 에 쉽쓰
와플	f	gaufre	구프흐

한국식당요리 152쪽

한국어	프랑스어	발음
라면	ⓜ ramen	하멘
냉면	🅵 nouilles froides	누이으 프호아드
삼계탕	samgyetang (soupe de poulet et de ginseng)	숲 드뿔레 에 드쟁셍
된장찌개	doenjang jjigae(ragoût de pâte de soja)	하구 드빳드 쏘쟈
청국장찌개	cheonggukjang jjigae (riche ragoût de pâte de soja)	히슈 하구 드 빳드쏘쟈
순두부찌개	sundubu jjigae(ragoût de tofu doux)	하구 드또퓌두
부대찌개	budae jjigae(ragoût de saucisses)	하구 드쏘씨쓰
갈비탕	galbitang (soupe de côtes de boeuf)	숲 드꽃뜨 드 뵈프
감자탕	gamjatang (ragoût de porc épine dorsale)	하구 드보흐 에삔 도호쌀
설렁탕	seolleongtang (soupe d'os)	숲도쓰
비빔밥	bibimbap	비빔밥
돌솥비빔밥	dolsot bibimbap (bibimbap au pot de pierre chaude)	비빔밥 오 뽀 드 삐에흐 쇼드
떡볶이	tteokbokki (gâteau de riz sauté)	갸또 드히쏘떼
순대	sundae (boudin coréen)	부댕 꼬헤앵
오뎅탕	ohdengtang (soupe de gâteaux de poisson)	숲 드갸또 드 뿌아쏭
찐빵	jjinppang(petit pain cuit à la vapeur)	쁘띠 뺑뀌 알라바뻬호
족발	Jokbal (pieds de porc)	삐에 드뽀흐
팥빙수	patbingsu (glace pilée avec haricots rouges sucrés et autres garnitures)	글라쓰 삘레 아벡아히꼬 후 쥬 쉬크헤 에 오트흐 갸흐 니뛰흐
떡	gâteau de riz	갸또 드히
해물파전	haemul pajeon(crêpes de fruits de mer)	크헵 드프히 드매흐
김밥	gimbap	김밥
간장게장	ganjang gejang(crabe mariné de sauce de soja)	크합 마히네 드쏘쓰드쏘쟈
김치	kimchi	김치
삼겹살	samgyeopsal (poitrine de porc grillé)	뿌아트힌 드보흐 그히에

Unit 08 요리방식 155쪽

한국어	프랑스어	발음
데치다	ébouillanter	에부이엉떼
굽다	(Pain) cuire au four /(Viande...) rôtir	(뺑)뀌흐오푸흐/(비엉드…)호띠흐
튀기다	faire frire	패흐 프히흐
탕/찌개	soupe / ragoût	숲/하구
찌다	faire cuire à la vapeur	패흐 뀌흐 알라바뻬흐
무치다	assaisonner	아쎄조네
볶다	sauter	쏘떼
훈제	fumer	퓌메

끓이다	faire bouillir	패흐부이이흐
삶다	bouillir	부이이흐
섞다	mélanger	멜렁줴
휘젓다	remuer	흐뮈에
밀다	aplanir	아쁠라니흐
얇게 썰다	couper en tranche fine	꾸뻬 엉트헝 슈핀
손질하다	préparer	프헤빠헤
반죽하다	pétrir	뻬트히흐

Unit 09 패스트푸드점 157쪽

맥도날드	McDonald's	막도날드
버거킹	Burger King	버거흐낑
KFC	KFC	꺄에프쎄
서브웨이	Subway	썹웨이
피자헛	Pizza Hut	삐자읏뜨
퀵	Quick	뀍
빅 페르낭	Big Fernand	빅페흐넝
메조디파스타	Mezzo Di Pasta	메조디빠스따
뽐드뺑	Pomme de pain	뽐드뺑

Unit 10 주류 158쪽

맥주	f bière	비애흐
고량주	kaoliang(vin de sorgho)	까오리엉(뱅드 쏘흐고)
하이네켄	Heineken	하이네껜
버드와이저	Budweiser	버드바이저
기네스	Guinness	기네스
소주	soju	쏘주
호가든	Hoegaarden	호가흐든
밀러	Miller	밀러흐
샴페인	m champagne	셩빠뉴
양주	f liqueur forte	리꽤흐 포흐뜨
럼	m rhum	험
위스키	m whisky	위스끼
보드카	f vodka	보드까
데킬라	f tequila	떼낄라
레드와인	m vin rouge	뱅후쥬
화이트와인	m vin blanc	뱅블렁
브랜디	m brandy	브헌디
마티니	m martini	마흐띠니
칼바도스	m calvados	깔바도쓰
사케	m saké	싸께
코냑	m cognac	꼬냑
막걸리	m makgeolli	막걸리
동동주	m dongdongju	동동주
피스코	m pisco	삐스꼬
진	m gin	진
과실주	m vin de fruits	뱅드프휘
복분자주	m vin de framboise	뱅드프헝부아즈
매실주	m vin de prune	뱅드프휜
정종	m vin de riz raffiné	뱅드히하피네
칵테일	m cocktail	꼭땔

관련단어 160쪽

과음	m abus d'alcool	아뷔달꼴
숙취	f gueule de bois	괠드부아
알콜중독	m alcoolisme	알꼴리슴
술친구	ami(e) de libations	아미드 리바씨옹

Unit 11 맛 표현 161쪽

맛있는	délicieux	델리씨외
맛없는	sans saveur	썽싸뵈흐
싱거운	fade	파드
뜨거운	chaud	쇼
단	sucré	쉬크헤

한국어	프랑스어	발음
짠	salé	쌀레
매운	épicé	에삐쎄
얼큰한	piquant	삐깡
신	aigre	애그흐
쓴	amer	아메흐
떫은	âpre	아프흐
느끼한	graisseux	그해쐬
(곡식이나 견과류 등이) 고소한	au goût de noisette	오구드 누아젯
담백한	léger	레줴흐
쫄깃한	moelleux	모엘뢰
비린 냄새	f odeur de poisson	오되흐 드 뿌아쏭
소화불량	f indigestion	앵디줴스띠옹

관련단어 161쪽

한국어	프랑스어	발음
씹다	mâcher	마쉐
영양분을 공급하다	nourrir	누히흐
과식하다	manger avec excès	멍줴 아벡엑쎄
먹이다	faire manger	패흐멍줴
삼키다	avaler	아발레
조금씩 마시다	boire petit à petit	부아흐 쁘띠 따쁘띠
조리법	f recette	호셋뜨
날것의	cru	크휘
썩은	pourri	뿌히
칼슘	m calcium	깔씨옴
단백질	f protéine	프호떼인
비타민	f vitamine	비따민
지방	f graisse	그해쓰
탄수화물	m glucide	글뤼씨드
입맛에 맞다	aimer le goût	애메흐 르구
무기질	f matière inorganique	마띠에흐 이노흐가닉
에스트로겐	m estrogène	에스트호줸
아미노산	m acide aminé	아씨드 아미네
체지방	f graisse corporelle	그해쓰 꼬흐뽀엘
피하지방	f graisse sous-cutanée	그해쓰 쑤뀌따네
열량(칼로리)	f calorie	깔로히
영양소	m nutriment	뉘트히멍
포화지방	f graisses saturées	그해쓰 싸뛰헤
불포화지방	f graisses insaturées	그해쓰 앵싸뛰헤
포도당	m glucose	글뤼꼬즈
납	m plomb	쁠롱

Chapter 09 쇼핑

Unit 01 쇼핑 물건 164쪽

한국어	프랑스어	발음
의류	m vêtement	뱃뜨멍
정장	m costume	꼬스뜀
청바지	m jean	진
티셔츠	m T-shirt	티셔흐트
원피스	f robe	홉
반바지	m short	쇼흐뜨
치마	f jupe	쥡
조끼	m gilet	질레
남방	f chemise décontractée	슈미즈 데꽁트학떼
와이셔츠	f chemise	슈미즈
재킷	f veste	베스뜨
운동복	m vêtement de sport	뱃뜨멍 드 스보흐
오리털잠바	f veste en duvet	베스뜨 엉뒤베
스웨터	m pull-over	쁄오베흐
우의	m imperméable	앵빼흐메아블
내복	m sous-vêtements	수뱃뜨멍
속옷	f lingerie	랭쥬히

팬티	f culotte	뀔롯뜨
교복	m uniforme scolaire	위니포흠 스꼴래흐
레이스	f dentelle	덩뗄
단추	m bouton	부똥
바지	m pantalon	뻥딸롱
버클	f boucle	부끌
브래지어	m soutien-gorge	쑤띠앵 고흐쥬
블라우스	m chemisier	슈미지에
셔츠	f chemise	슈미즈
소매	f manche	멍슈
외투	m manteau	멍또
지퍼	f fermeture éclair	패흐므뛰흐 에끌래흐
잠옷	m pyjama	삐쟈마
파티용 드레스	f robe de soirée	홉드수아헤
한복	hanbok (habit traditionnel coréen)	아비 트하디씨오넬 꼬헤앵

신발, 양말 166쪽

신발	f chaussures	쇼쉬흐
운동화	f chaussures de tennis	쇼쉬흐 드 떼니쓰
구두	f chaussures	쇼쉬흐
부츠	f bottes	봇드
슬리퍼	m chaussons	쇼쏭
조리	f claquettes	끌라껫
(비 올 때 신는) 장화	f bottes de pluie	봇뜨 드 쁠뤼
양말	f chaussettes	쇼쎗
스타킹	m bas, collant	바, 꼴렁
샌들	f sandales	썽달

기타 액세서리 167쪽

모자	m chapeau	샤뽀
가방	m sac	싹
머리끈	m élastique	엘라스띡
귀걸이	f boucle d'oreille	부끌 도헤이으
반지	m anneau	아노
안경	f lunettes	뤼넷
선글라스	f lunettes de soleil	뤼넷드쏠레이으
지갑	m porte-feuille	뽀흐뜨 패이으
목도리	f écharpe	에샤흡
스카프	m foulard	풀라흐
손목시계	f montre	몽트흐
팔찌	m bracelet	브하쓸레
넥타이	f cravate	크하밧
벨트	f ceinture	쌩뛰흐
장갑	m gants	겅
양산	f ombrelle	옹브헬
목걸이	m collier	꼴리에
브로치	f broche	브호슈
손수건	m mouchoir	무슈아흐
머리핀	f barrette	바헷뜨

기타용품 168쪽

비누	m savon	싸봉
가그린	m Gageurin	가그힌
물티슈	f lingette humide	랭젯 위미드
생리대	f serviettes hygiéniques	세호비엣 이쥐에닉
기저귀	f couche	꾸슈
우산	m parapluie	빠하쁠뤼
담배	f cigarette	씨가헷뜨
라이터	m briquet	브히께
건전지	f batterie	바뜨히
쇼핑백	m sac de shopping	삭드쇼빙

한국어	프랑스어	발음
종이컵	**f** tasse en papier	따스 엉빠삐에
컵라면	**f** nouilles instantannées en barquette	누이으 앵스떵따네 엉바흐껫
모기약	**m** anti-moustiques	엉띠무스띡
방취제	**m** désodorisant	데조도히정
면도크림	**f** crème à raser	크햄 아하제
면도날	**f** lame de rasoir	람드하주아흐
로션	**m** lotion	로씨옹
썬크림	**f** crème solaire	크햄 쏠래흐
샴푸	**m** shampooing	성뿌앵
린스	**m** après-shampooing	아프헤 성뿌앵
치약	**m** pâte dentifrice	빳뜨 덩띠프히쓰
칫솔	**f** brosse à dents	브호쓰 아덩
손톱깎이	**m** coupe-ongles	꿉 옹글
화장지	**m** papier de toilette	빠삐에 드 뚜알렛
립스틱	**m** rouge à lèvres	후쥬아레브흐
비비크림	**f** BB crème	베베크햄
파운데이션	**m** fond de teint	퐁드땡
빗	**m** peigne	빼뉴
사탕	**m** bonbon	봉봉
껌	**m** chewing-gum	슈잉검
초콜릿	**m** chocolat	쇼꼴라
아이섀도	**m** fard à paupières	파흐 아뽀삐에흐
매니큐어	**m** vernis à ongles	베흐니 아옹글
향수	**m** parfum	빠흐팽
마스카라	**m** mascara	마스까하
파스	**m** décontractant musculaire	데꽁트학떵 뮈스뀔래흐
카메라	**m** appareil photo	아빠헤이으 포또
붓	**f** brosse	브호쓰
책	**m** livre	리브흐
거울	**m** miroir	미후아흐
핸드폰 케이스	**f** coque de téléphone	꼭드뗄레폰
옥	**m** jade	쟈드
금	**m** or	오흐
은	**m** argent	아흐정
청동	**m** bronze	브홍즈
에센스	**f** huile essentielle	윌 에썽씨엘
수분크림	**f** crème hydratante	크햄 이드하떵뜨
영양크림	**f** crème nourrissante	크햄 누히썽뜨

관련단어 172쪽

한국어	프랑스어	발음
짝퉁제품	**f** marchandise contrefaite	마흐썽디즈 꽁트흐팻
바코드	**m** code-barres	꼬드바흐
계산원	**f** caissière	깨씨에흐
선물	**m** cadeau	까도
상표	**f** marque	마흐끄
현금	**m** argent	아흐정
지폐	**m** billet	비에
동전	**f** pièce de monnaie	삐에쓰 드모내
환불	**m** remboursement	헝부흐쓰멍

Unit 02 색상 173쪽

빨간색	m rouge	후쥬
주황색	m orange	오헝쥬
노란색	m jaune	죤
초록색	m vert	베흐
파란색	m bleu	블뢰
남색	m indigo	앵디고
보라색	m violet	비올레
상아색	m ivoire	이부아흐
황토색	m ocre	오크흐
검은색	m noir	누아흐
회색	m gris	그히
흰색	m blanc	블렁
갈색	m brun	브헝
분홍색	m rose	호즈

관련단어 174쪽

의상	m habit	아비
직물	m tissu	띠쉬
감촉	m toucher	뚜쉐
모피	f fourrure	푸휘흐
단정한	décent(e)	데썽(뜨)
방수복	m vêtement imperméable	벳뜨멍 앵뻬호 메아블
차려입다	s'habiller	싸비에
장식하다	orner	오흐네
사치	luxe	릭쓰
어울리는	assortissant(e)	아쏘흐띠썽(뜨)

Unit 03 구매 표현 175쪽

이것	ceci	쓰씨
저것	cela	쓸라
더 화려한	plus coloré	쁠뤼 꼴로해
더 수수한	plus simple	쁠뤼 생쁠
더 큰	plus grand	쁠뤼 그헝
더 작은	plus petit	쁠뤼 쁘띠
더 무거운	plus lourd	쁠뤼 루흐
더 가벼운	plus léger	쁠뤼 레줴
더 긴	plus long	쁠뤼 롱
더 짧은	plus court	쁠뤼 꾸흐
유행상품	produits à la mode	프호듸 알라 모드
다른 종류	autre type	오트흐 띱
다른 디자인	autre style	오트흐 스띨
다른 색깔	autre couleur	오트흐 꿀래흐
더 싼	moins cher	무앵 쉐흐
더 비싼	plus cher	쁠뤼 쉐흐
신상품	nouveau produit	누보 프호듸
세일 상품	produit en solde	프호듸 엉쏠드
입다	porter, mettre	보흐떼, 매트흐
신다	porter, mettre	보흐떼, 매트흐
메다	mettre	매트흐
먹다	manger	멍줴
바르다	mettre	매트흐
들다	porter	보흐떼
만지다	toucher	뚜쉐
쓰다	mettre	매트흐
착용하다	mettre	매트흐
몇몇의	quelques	껠끄

관련단어 177쪽

쇼핑몰	m centre commercial	썽트흐 꼬메 흐씨알
상품	f marchandise	마흐성디즈
하자가 있는	défectueux	데펙뛰외(즈)
환불	m remboursement	헝부흐쓰멍
구입하다	acheter	아슈떼

영수증	m reçu	흐쒸
보증서	f garantie	갸헝띠
세일	f soldes	쏠드
계산대	f caisse	깨쓰
저렴한	bon marché	봉마흐쉐
품절된	épuisé	에쀠제
재고정리	f liquidation du stock	리끼다씨옹 뒤 스똑
신상품	f nouveauté	누보떼
공짜의	gratuit(e)	그하뛰(뜨)

Chapter 10 도시

Unit 01 자연물 또는 인공물 178쪽

강	f rivière	히비에흐
과수원	m verger	베흐줴
나무	m arbre	아흐브흐
논	f rizière	히지에흐
농작물	f culture	뀔뛰흐
동굴	f grotte	그홋
들판	f campagne	껑빠뉴
바다	f mer	매흐
밭	m champs	성
사막	m désert	데제흐
산	f montagne	몽따뉴
섬	f ile	일
삼림	f forêt	포헤
습지	m marais	마해
연못	m étang	에떵
저수지	m réservoir	헤제흐부아흐
초원	f prairie	프해히
폭포	f chute d'eau	쉿뜨도
해안	f côte	꼿
협곡	f gorge	고흐쥬
호수	m lac	락
목장	m pâturage	빠뛰하쥬
바위	m rock	혹

관련단어 180쪽

수확하다	moissonner	무아쏘네
씨를 뿌리다	semer	쓰메
온도	f température	떵뻬하뛰흐
지평선, 수평선	m horizon	오히종
화석	m fossile	포씰
습도	f humidité	위미디떼
대지	f terre	때흐
모래	m sable	싸블
산등성이	f crête	크헷

Unit 02 도시 건축물 181쪽

우체국	f poste/ m bureau de poste	뽀스뜨/뷔호 드 뽀스뜨
은행	f banque	벙끄
경찰서	m poste de police	뽀스뜨 드 뽈리쓰
병원	m hôpital	오삐딸
편의점	f supérette	쉬뻬헷
호텔	m hôtel	오뗄
서점	f librairie	리브해히
백화점	m grand magasin	그헝 마가쟁
노래방	m Karaoke	까하오께
커피숍	m café	까페
영화관	m cinéma	씨네마
문구점	f papeterie	빠쁘뜨히
제과점	f boulangerie	불렁쥬히
놀이공원	m parc d'attractions	빡다트학씨옹
주유소	f station-service	스따씨옹 쎄흐비쓰
성당	f cathédrale	까떼드할
교회	f église	에글리즈
번화가	m centre-ville	썽트흐빌

한국어	프랑스어	발음
미술관	m musée / f galerie d'art	뮈제/걀르히 다흐
학교	f école	에꼴
이슬람사원	f mosquée	모스께
분수	f fontaine	퐁땐
공원	m parc	빠흑
댐	m barrage	바하쥬
정원	m jardin	쟈흐댕
사우나	m sauna	쏘나
식물원	m jardin botanique	쟈흐댕 보따닉
동물원	m zoo	조
광장	f place	쁠라쓰
다리	m pont	뽕
박물관	m musée	뮈제
기념관	m mémorial	메모히알
약국	f pharmacie	파흐마씨
소방서	f caserne de pompiers	까세흔 드 뽕삐에
도서관	f bibliothèque	비블리오떽
미용실	m salon de beauté	쌀롱 드 보떼
관광안내소	m office de tourisme	오피쓰 드 뚜히슴
세탁소	f blanchisserie	블렁쉬쓰히
PC방	m cybercafé	씨베흐까페
목욕탕	m bains publics	뱅쀠블릭
발마사지샵	f salle de massage de pieds	쌀드마사쥬 드 삐에
마사지샵	f salle de massage	쌀드마사쥬

Chapter 11 스포츠, 여가

Unit 01 운동　　　　　　　　　**184쪽**

한국어	프랑스어	발음
볼링	m bowling	불링
암벽등반	f escalade	에스깔라드
활강	f descente	데썽뜨
패러글라이딩	m parapente	빠하뻥뜨
번지점프	m saut à l'élastique	쏘 아렐라스띡
낚시	f pêche	뻬슈
인공암벽	m mur d'escalade	뮈흐 데스깔라드
바둑	m go	고
카레이싱	f course automobile	꾸흐쓰 오또모빌
윈드서핑	f planche à voile	쁠렁슈 아부알
골프	m golf	골프
테니스	m tennis	떼니쓰
스키	m ski	스끼
유도	m judo	쥐도
체조	f gymnastique	짐나스띡
승마	f équitation	에끼따씨옹
축구	m football	풋볼
배구	m volley-ball	볼래볼
야구	m base-ball	베즈볼
농구	m basket-ball	바스껫볼
탁구	m tennis de table	떼니스드따블
검술	f escrime	에스크힘
수영	f natation	나따씨옹
경마	f course de chevaux	꾸흐쓰 드슈보
권투	f boxe	복쓰
태권도	m Taekwondo	때꿘도
검도	m kendo	껜도
무에타이	Muay Thai	뮈애따이
격투기	m art martial	아흐 마흐씨알
씨름	f lutte	륏뜨
당구	m billard	비야흐
배드민턴	m badminton	받밍톤

럭비	m rugby	휙비
스쿼시	m squash	스꾸아슈
아이스하키	m hockey sur glace	오깨 쉬흐글 라쓰
핸드볼	m handball	핸볼
등산	m alpinisme	알삐니슴
인라인스케이팅	m patin à roues alignées	빠땅 아후알리녜
조정	m canotage	까노따쥬
사이클	m vélo	벨로
요가	m yoga	요가
스카이다이빙	m parachutisme	빠하쉬띠슴
행글라이딩	m deltaplane	델따블란
피겨스케이팅	m patinage artistique	빠띠나쥬 아흐띠스띡
롤러스케이팅	m patinage à roulettes	빠띠나쥬 아 홀렛뜨
양궁	m tir à l'arc	띠흐아락
스노클링	f plongée en apnée	쁠롱줴 엉나쁘네
스쿠버다이빙	f plongée sous-marine	쁠롱줴 수마힌
해머던지기	m lancement de marteau	렁쓰멍 드 마흐또
멀리뛰기	m saut en longueur	쏘엉롱괘흐
창던지기	m lancement du javelot	렁쓰멍 뒤쟈블로
마라톤	m marathon	마하똥
펜싱	f escrime	에스크힘
쿵푸	m Kung Fu	꿍푸
합기도	m Aïkido	아이끼도
공수도	m karaté	까하떼
레슬링	m catch	까츄
스모	m sumo	수모
줄넘기	m saut à la corde	쏘 알라꼬흐드
뜀틀	m cheval de saut d'obstacles	슈발 드쏘 돕스따끌
에어로빅	m aérobic	아에호빅
아령운동	m haltères	알때흐
역도	f haltérophilie	알떼호필리

관련단어 189쪽

야구공	f balle de baseball	발드베이즈볼
야구방망이	m baton de baseball	바똥 드베이즈볼
축구공	f balon de football	발롱 드풋볼
축구화	f chaussures de football	쇼쒸흐 드풋볼
글러브	m gant de baseball	겅드 베이즈볼
헬멧	m casque	까스끄
테니스공	f balle de tennis	발드테니스
라켓	f raquette	하껫
수영복	m maillot de bain	마이오 드뱅
튜브	m tube	뜁
수영모	m bonnet de bain	보네드뱅
러닝머신	m tapis de course	따삐드꾸흐쓰
코치	m entraîneur	엉트해놰흐
유산소운동	m exercice aérobique	에그제흐씨쓰 아에호빅
무산소운동	m exercice anaérobique	에그제흐씨쓰 아나헤호빅
근력운동	f musculation	뮈스뀔라씨옹
호흡운동(숨쉬기운동)	m exercice de respiration	에그제흐씨쓰 드헤스삐하씨옹
수경	f lunettes de piscine	뤼넷뜨 드삐씬

Unit 02 오락, 취미 190쪽

한국어	프랑스어	발음
영화 감상	voir un film	부아흐 앵필름
음악 감상	écouter de la musique	에꾸떼 들라 뮈직
여행	m voyage	부아야쥬
독서	f lecture	렉뛰흐
춤추기	danser	덩쎄
노래 부르기	chanter	성떼
운동	m sport	스뽀흐
등산	m alpinisme	알삐니슴
수중잠수	f plongée sous-marine	쁠롱줴 수마힌
악기 연주	jouer d'un instrument de musique	주에 댕냉스트 휘멍 드뮈직
요리	faire la cuisine	패흐라뀌진
사진 찍기	faire des photos	패흐데포또
정원 가꾸기	m jardinage	쟈흐디나쥬
우표 수집	f collection de timbres	꼴렉씨옹 드 땡브흐
낚시	f pêche	뻬슈
십자수	m point de croix	뿌앵드크후아
TV 보기	regarder la télé(vision)	흐갸흐데 라 뗄레(비지옹)
드라이브	conduire	꽁뒤흐
빈둥거리기	mener une vie oisive	므네 윈비우 아지브
인터넷서핑	surfer sur Internet	써흐페 쉬흐앵떼흐넷
게임	m jeu	죄
아이쇼핑하기	faire du lèche-vitrines	패흐 뒤 레슈비트힌
캠핑 가기	faire du camping	패흐뒤껑빙
포커	m poker	뽀께흐
장기	m jeu d'échec coréen	죄데쉑 꼬헤앵
도예	f poterie	뽀뜨히
뜨개질	m tricot	트히꼬
맛집 탐방	aller au bon restaurant	알레 오봉헤스또헝
일하기	travailler	트하바이에

Unit 03 악기 193쪽

한국어	프랑스어	발음
기타	f guitare	기따흐
피아노	m piano	삐아노
색소폰	m saxophone	싹쏘폰
플루트	f flûte	플륏
하모니카	m harmonica	아흐모니까
클라리넷	f clarinette	끌라히넷
트럼펫	f trompette	트홍뻿
하프	f harpe	아흐쁘
첼로	m violoncelle	비올롱쎌
아코디언	m accordéon	아꼬흐데옹
드럼	f batterie	밧뜨히
실로폰	m xylophone	그질로폰
거문고	Geomungo (Cithare coréenne avec six cordes)	씨따흐 꼬헤앤 아벡씨 꼬흐드
가야금	Gayageum (Cithare coréenne avec douze cordes)	씨따흐 꼬헤앤 아벡두즈 꼬흐드
대금	Daegeum (Flûte large coréenne en bambou)	플륏 라흐쥬 꼬헤앤 엉 벙부
장구	Janggu (Tambour coréen à deux têtes)	떵부흐 꼬헤앵 아되땟뜨
징	Jing(gong large)	공그 라흐쥬
해금	Haegeum (violon coréen)	비올롱 꼬헤앵
단소	m danso(Petite flûte de bambou)	쁘띳플륏 드 벙부

리코더	f flûte à bec	플륏 아벡
오카리나	m ocarina	오까히나
바이올린	m violon	비올롱
비올라	m alto/f viole	알또/비올

Unit 04 여가 195쪽

휴양하다	se reposer	쓰흐뽀제
관광하다	faire du tourisme	패흐 뒤뚜히슴
기분전환하다	se distraire	쓰디스트해흐
참관하다	visiter	비지떼
탐험하다	explorer	엑쓰쁠로헤
건강관리	m soins médicaux	수앵 메디꼬

Unit 05 영화 196쪽

영화관	m cinéma	씨네마
매표소	f billetterie	비에뜨히
히트작	m film de succès	필름 드 쉭쎄
매점	m kiosque	끼오스끄
공포영화	m film d'horreur	필름 도해흐
코미디영화	f comédie	꼬메디
액션영화	m film d'action	필름 닥씨옹
어드벤처영화	m film d'aventure	필름 다벙뛰흐
스릴러영화	m thriller/film de suspense	쓰힐레흐/필름 드 쉬스뻰쓰
주연배우	acteur(trice) principal(e)	악때흐(트히스)프행씨빨
조연배우	acteur(trice) secondaire	악때흐(트히스) 쓰공대흐
남자주인공	m héros	에호
여자주인공	f héroïne	에호인

영화사	f entreprise cinématographique	엉트흐프히즈 씨네마또그하픽
감독	m réalisateur	헤알리자때흐

관련단어 197쪽

뮤지컬영화	m film musical	필름 뮈지깔
다큐멘터리영화	m (film) documentaire	(필름) 도뀌멍때흐
로맨틱영화	m film romantique	필름 호멍띡

Part 2 여행 단어

Chapter 01 공항에서

Unit 01 공항 200쪽

국내선	m vol domestique	볼 도메스띡
국제선	m vol international	볼 앵떼흐나씨오날
탑승창구	m comptoir d'enregistrement	꽁뚜아흐 덩흐쥐스트흐멍
항공사	f compagnie aérienne	꽁빠니 아에히엔
탑승수속	f enregistrement	엉흐쥐스트흐멍
항공권	m billet d'avion	비에다비옹
여권	m passeport	빠쓰뽀흐
탑승권	f carte d'embarquement	까흐뜨 덩바흐끄멍
금속탐지기	m détecteur de métaux	데떽때흐 드 메또
창가좌석	m siège côté fenêtre	씨에쥬 꼬떼 프네트흐
통로좌석	f siège côté couloir	씨에쥬 꼬떼 꿀루아흐

위탁수하물	**m** bagage enregistré	바가쥬 엉흐쥐스트헤
수하물 표	**f** étiquette bagage	에디껫 바가쥬
초과 수하물 운임	**m** supplément bagage	쉬쁠레멍 바가쥬
세관	**f** douane	두안
신고하다	déclarer	데끌라헤
출국신고서	**m** formulaire de départ	포호뮐래흐 드 데빠흐
면세점	**f** boutique hors taxes	부띡 오흐딱쓰
입국심사	**f** inspection de l'immigration	앵스뻭씨옹 드 리미그하씨옹
여행자 휴대품 신고서	**f** formulaire de déclaration de douane	포호뮐래흐 드 데끌라하씨옹 드두안
비자	**m** visa	비자
세관원	**m** douanier	두아니에

관련단어 203쪽

목적지	**f** destination	데스띠나씨옹
도착	**f** arrivée	아히베
방문 목적	**m** but de la visite	뷔뜨들라비지뜨
체류기간	**f** durée du séjour	뒤헤 뒤쎄쥬흐
입국 허가	**m** droit d'entrée	드후아 덩트헤
검역소	**f** quarantaine	까헝땐
수하물 찾는 곳	**m** tapis roulant à bagages	따삐훌렁 아 가쥬
리무진 버스	**f** limousine	리무진

Unit 02 기내 탑승 204쪽

창문	**f** fenêtre	프네트흐
승무원	**m** équipage	에끼빠쥬

머리 위의 짐칸	**m** compartiment à bagages	꽁빠흐디멍 아 바가쥬
에어컨	**m** climatiseur	끌리마띠쐐흐
조명	**m** éclairage	에끌래하쥬
모니터	**m** moniteur	모니뙈흐
좌석(자리)	**m** siège	씨에쥬
구명조끼	**m** gilet de sauvetage	질레 드쏘브따쥬
호출버튼	**m** bouton d'appel	부똥 다뻴
(기내로 가져 온) 짐	**m** bagage cabine	바가쥬 까빈
안전벨트	**f** ceinture de sécurité	쌩뛰흐 드쎄 뀌히떼
통로	**m** couloir	꿀루아흐
비상구	**f** sortie de secours	쏘흐띠 드쓰꾸흐
화장실	**f** toilettes	뚜알렛뜨
이어폰	**m** écouteur	에꾸때흐
조종실	**f** cabine de pilotage	까빈드삘로따쥬
기장	**m** pilote, commandant de bord	삘롯, 꼬멍덩 드보흐
부기장	**m** copilote	꼬삘롯
활주로	**f** piste d'atterrissage	삐스뜨 다떼히싸쥬

관련단어 206쪽

도착 예정 시간	**f** heure d'arrivée prévue	왜흐 다히베 프헤뷔
이륙하다	décoller	데꼴레
착륙하다	atterrir	아떼히흐
무료 서비스	**m** service gratuit	쎄흐비쓰 그하뛰
(화장실 등이) 사용중	occupé	오뀌뻬

315

한국어	프랑스어	발음
금연 구역	**f** zone non fumeur	존 농퓌왜호
시차 피로	**m** décalage horaire	데깔라쥬 오해호
~를 경유하여	via	비아
직항	**m** vol direct	볼 디헥
좌석 벨트를 매다	attacher sa ceinture de sécurité	아따쉐 싸쎙뛰호 드쎄뀌히떼
연기, 지연	**m** retard	흐따호

Unit 03 기내 서비스   208쪽

한국어	프랑스어	발음
신문	**m** journal	쥬흐날
면세품 목록	**f** liste en franchise de droits	리스뜨 엉프헝쉬즈 드 두아
잡지	**m** magazine	마가진
담요	**f** couverture	꾸베흐뛰흐
베개	**m** oreiller	오헤이에
입국카드	**f** carte de débarquement	까흐뜨 드데바흐끄멍
티슈	**m** mouchoir en papier	무슈아흐 엉 빠삐에
음료수	**f** boisson	부아쏭
기내식	**m** repas à bord	흐빠 아보흐
맥주	**f** bière	비에흐
와인	**m** vin	뱅
물	**f** eau	오
커피	**m** café	까페
차	**m** thé	떼

관련단어   209쪽

한국어	프랑스어	발음
이륙	**m** décollage	데꼴라쥬
착륙	**m** atterrissage	아떼히싸쥬
홍차	**m** thé	떼
물티슈	**f** lingette humide	랭젯뜨 위미드
샐러드	**f** salade	쌀라드
알로에주스	**m** jus d'aloés	쥐달로에쓰
탄산음료	**f** eau gazeuse	오가죄즈

Chapter 02 입국심사

Unit 01 입국목적   210쪽

한국어	프랑스어	발음
비즈니스	**f** affaires	아패흐
여행	**m** voyage	부아야쥬
관광	**m** tourisme	뚜히슴
회의	**f** conférence	꽁페헝쓰
취업	**m** travail	트하바이으
거주	**f** résidence	헤지덩쓰
친척 방문	**f** visite aux parents	비지뜨 오빠헝
공부	**f** étude	에뛰드
귀국	**m** retour	흐뚜흐
휴가	**f** vacances	바껑쓰

Unit 02 거주지   212쪽

한국어	프랑스어	발음
호텔	**m** hôtel	오뗄
친척집	chez un parent	쉐쟁빠헝
친구집	chez un ami	쉐쟁나미

Chapter 03 숙소

Unit 01 예약   214쪽

한국어	프랑스어	발음
예약	**f** réservation	헤제흐바씨옹
체크인	check in/s'enregistrer	첵인/성흐쥐스트헤
체크아웃	check out/régler la note	첵아웃/헤글레 라노뜨
싱글룸	**f** chambre simple	성브흐 쌩쁠
더블룸	**f** chambre double	성브흐 두블
트윈룸	**f** chambre à deux lits	성브흐 아드리
스위트룸	**f** suite	쉬뜨

한국어	프랑스어	발음
일행	f compagnie	꽁빠니
흡연실	f salle fumeurs	쌀 퓌왜흐
금연실	f salle non-fumeurs	쌀 농퓌왜흐
방값	m prix d'une chambre	프히 된성브흐
예약번호	m numéro de réservation	뉘메호 드헤제흐바씨옹
방카드	f carte clé	까흐뜨 끌레

관련단어 215쪽

한국어	프랑스어	발음
보증금	m dépôt	데뽀
환불	m remboursement	헝부흐쓰멍
봉사료	m frais de service	프해 드쎄흐비쓰

Unit 02 호텔 216쪽

한국어	프랑스어	발음
프런트	f réception	헤쎕씨옹
접수계원	m réceptionniste	헤쎕씨오니스뜨
도어맨	m portier	뽀흐띠에
벨보이	m chasseur, groom	샤쐐흐, 그훔
사우나	m sauna	쏘나
회의실	f salle de conférence	쌀 드 꽁페헝쓰
레스토랑	m restaurant	헤스또헝
룸메이드	f femme de chambre	팜 드 성브흐
회계	m comptable	꽁따블

Unit 03 숙소 종류 218쪽

한국어	프랑스어	발음
호텔	m hôtel	오뗄
캠핑	m camping	껑삥
게스트하우스	f pension de famille	뻥씨옹 드 파미으
유스호스텔	f auberge de jeunesse	오베흐쥬 드 쥰네쓰
민박	f chambre d'hôte	성브흐 돗뜨
여관	f auberge	오베흐쥬
대학 기숙사	f résidence universitaire	헤지덩쓰 위니베흐씨때흐

Unit 04 룸서비스 220쪽

한국어	프랑스어	발음
모닝콜	m réveil téléphonique	헤베이 뗄레포닉
세탁	f lessive	레씨브
다림질	m repassage	흐빠싸쥬
드라이클리닝	m nettoyage à sec	네뚜아쥬 아쎅
방청소	m nettoyage de la chambre	네뚜아쥬 들라 성브흐
식당 예약	f réservations de restaurant	헤제흐바씨옹 드헤스또헝
안마	m massage	마싸쥬
식사	m repas	흐빠
미니바	m mini-bar	미니바
팁	m pourboire	부흐부아흐

Chapter 04 교통

Unit 01 탈것 222쪽

한국어	프랑스어	발음
비행기	m avion	아비옹
헬리콥터	m hélicoptère	엘리꼽떼흐
케이블카	m funiculaire	퓌니뀔레흐
여객선	m paquebot	빠끄보
요트	m yacht	요뜨
잠수함	m sous-marin	수마행
자동차	f voiture	부아뛰흐
버스	m bus	뷔쓰
기차	m train	트행
지하철	m métro	메트호
자전거	m vélo	벨로

한국어	프랑스어	발음
트럭	m camion	까미옹
크레인	f grue	그휘
모노레일	m monorail	모노하이으
소방차	m camion de pompiers	까미옹 드 뽕삐에
구급차	f ambulance	엉쀨렁스
이층버스	m autobus à deux étages	오또뷔스 아 되 제따쥬
견인차	f dépanneuse	데빠뇌즈
고속버스	m bus express	뷔쓰 엑스프헤쓰
레미콘	m béton prêt à l'emploi	베똥 프헤아 렁쁠루아
순찰차	f voiture de police	부아뛰흐 드 뽈리쓰
오토바이	f moto(cyclette)	모또(씨끌렛)
증기선	m bateau à vapeur	바또 아 바뻐흐
지게차	m chariot élévateur	샤히오 엘레바뙈흐
열기구	f montgolfière	몽골피에흐
스포츠카	f voiture de sport	부아뛰흐 드 스뽀흐
벤	m fourgon	푸흐공

Unit 02 자동차 명칭 / 자전거 명칭 225쪽

엑셀(가속 페달)	m accélérateur	악쎌레하뙈흐
브레이크	m frein	프행
백미러	m rétroviseur	헤트호비좨흐
핸들	m volant	볼렁
클랙슨	m klaxon	끌락쏜
번호판	f plaque d'immatriculation	쁠락 디마트히 꿸라씨옹
변속기	f boîte de vitesse	부아뜨 드 비떼쓰
트렁크	m coffre	꼬프흐
클러치	m embrayage	엉브해야쥬
안장	f selle	쎌
앞바퀴	f roue avant	후 아벙
뒷바퀴	f roue arrière	후 아히에흐
체인	f chaîne	쉔
페달	f pédale	뻬달

관련단어　　　　　　　　　　　227쪽

안전벨트	f ceinture de sécurité	쌩뛰흐 드 쎄 뀌히떼
에어백	m airbag	애흐박
배터리	f batterie	바뜨히
엔진	m moteur	모뙈흐
LPG	m GPL	쥐뻬엘
윤활유	m lubrifiant	뤼브히피엉
경유	m diesel	디에젤
휘발유	f essence	에썽쓰
세차	m lavage d'un véhicule	라바쥬 댕 베 이뀔

Unit 03 교통 표지판　　　　　228쪽

양보	céder le passage	쎄데 르빠사쥬
일시정지	m arrêt	아헤
추월금지	m dépassement interdit	데빠쓰멍 앵 떼흐디
제한속도	f vitesse limitée	비떼쓰 리미떼
일방통행	m sens unique	썽쓰 위닉
주차금지	m stationnement interdit	스따씨온멍 앵 떼흐디
우측통행	m passage à droite	빠싸쥬 아드 후앗뜨
진입금지	m sens interdit	썽쓰 앵떼흐디
유턴금지	m demi-tour interdit	드미뚜흐 앵 떼흐디
낙석도로	f chute des pierres	쉿뜨 데삐에흐

어린이 보호 구역	**f** zone scolaire	존 스꼴래흐

Unit 04 방향 230쪽

좌회전	**m** virage à gauche	비하쥬 아고슈
우회전	**m** virage à droite	비하쥬 아드 후앗뜨
직진	tout droit	뚜드후아
백(back)	**f** marche arrière	마호슈 아히에흐
유턴	**m** demi-tour	드미뚜흐
동서남북	**m** quatre points cardinaux	꺄트흐 뿌앵 까호디노

관련단어 231쪽

후진하다	reculer	흐뀔레
고장 나다	tomber en rideau	똥베 엉히도
(타이어가) 펑크 나다	(le pneu) être crevé	(르쁘뇌) 애트흐 크흐베
견인하다	remorquer	흐모흐께
갈아타다	changer	셩줴
교통 체증	**m** embouteillage	엉부떼이야쥬
주차위반 딱지	**m** p.-v.	뻬베
지하철노선도	**m** plan de métro	쁠렁 드매트호
대합실	**f** salle d'attente	쌀 다떵뜨
운전기사	**m** chauffeur	쇼패흐
운전면허증	**m** permis de conduire	뻬흐미 드꽁뒤흐
중고차	**f** voiture d'occasion	부아뛰흐 도까지옹

Unit 05 거리 풍경 232쪽

신호등	**m** feu(x) de signalisation	푀 드씨냘리 자씨옹
횡단보도	**m** passage piétons	빠싸쥬 삐에똥
주유소	**f** station-service	스따씨옹 쎄흐비쓰
인도	**m** trottoir	트호뚜아흐
차도	**f** chaussée	쇼쎄
고속도로	**f** autoroute	오또훗뜨
교차로	**m** carrefour	꺄흐푸흐
지하도	**m** passage souterrain	빠싸쥬 쑤떼헹
버스정류장	**m** arrêt de bus	아헤드뷔스
방향표지판	**m** panneaux de direction	빠노 드디헥 씨옹
육교	**m** viaduc	비아뒥
공중전화	**f** cabine téléphonique	까빈 뗄레포닉

Chapter 05 관광

Unit 01 프랑스 대표 관광지 234쪽

샹젤리제 거리	**m** Champs-Elysées	성젤리제
자유의 여신상	**f** Statue de la Liberté	스따뛰 들라 리베흐떼
생뚜앙 벼룩시장	**m** Marché aux puces Saint Ouen	마호쉐 오쀠쓰 쌩뚜앙
파리 노트르담 성당	**f** Cathédrale Notre-Dame	까떼드할 노트흐담
사크레쾨르 대성당	**m** Sacré-Cœur	싸크헤쾨흐
몽마르트르	**m** Montmartre	몽마흐트흐
콩코르드 광장	**f** Place de la Concorde	쁠라쓰 들라꽁 꼬흐드
오르세 미술관	**m** Musée d'Orsay	뮈제 도흐쎄
뤽상브르 공원	**m** Jardin du Luxembourg	쟈흐댕 뒤뤽 썽부흐
에펠탑	**f** Tour Eiffel	뚜흐 애펠
루브르 박물관	**m** Musée du Louvre	뮈제 뒤루브흐

베르사유 궁전	🅜 Château de Versailles	샤또 드베흐 싸이으
알프스 산맥	🅕 Alpes	알쁘
몽생미셸 섬	🅜 Mont Saint-Michel	몽 쌩미셸
몽블랑	🅜 Mont Blanc	몽블렁
조르주 퐁피두 센터	🅜 Centre Georges Pompidou	썽트흐 조흐쥬 뽕삐두
샹보르 성	🅜 Château de Chambord	샤또 드셩보흐
르 마레	🅜 Le Marais	르마헤
몽파르나스 타워	🅕 Tour Montparnasse	뚜흐 몽빠흐나쓰
마르스 광장	🅜 Champ de Mars	성 드마흐쓰
퐁데자르	🅜 Pont des Arts	뽕 데자흐
팡테옹	🅜 Panthéon	뻥떼옹
오페라 가르니에	🅜 Opéra Garnier	오뻬하 갸호니에
그랑 팔레	🅜 Grand Palais	그헝 빨레
앵발리드	🅟 Invalides	앵발리드
카마르그	🅕 Camargue	꺄마흐그
페르 라셰즈 묘지	🅜 Père Lachaise	빼흐 라쉐즈
아스테릭스 공원	🅜 Parc Astérix	빡 아스떼힉쓰
카르티에 라탱	🅜 Quartier latin	꺄흐띠에 라떵
시테 섬	🅕 Île de la Cité	일 들라씨떼
로댕 미술관	🅜 Musée Rodin	뮈제 호댕
라빌레트 공원	🅕 La Villette	라 빌레뜨
오랑주리 미술관	🅜 Musée de l'Orangerie	뮈제 드로헝쥬히
아비뇽 교황청	🅜 Palais des Papes	빨래 데빠쁘
디즈니랜드 파리	🅜 Disneyland Paris	디즈네렁드 빠히
물랭루주	🅜 Moulin Rouge	물랭 후쥬
레만호	🅕 Lac Léman	락 레멍
슈농소 성	🅜 Château de Chenonceau	샤또 드슈농쏘
코트다쥐르–남불해안	🅕 Côte d'Azur	꼬뜨 다쥐흐

Unit 02 볼거리(예술 및 공연)   238쪽

연극	🅜 théâtre	떼아트흐
가면극	🅕 mascarade	마스까하드
아이스쇼	🅜 spectacle sur glace	스뻭따끌 쉬흐 글라쓰
서커스	🅜 cirque	씨흐끄
발레	🅜 ballet	발레
팬터마임	🅕 pantomime	뻥또밈
1인극	🅜 monodrame	모노드함
난타	Nanta	넝따
락 페스티벌	🅜 festival de Rock	페스띠발 드혹
콘서트	🅜 concert	꽁쎄흐
뮤지컬	🅕 comédie musicale	꼬메디 뮈지깔
클래식	🅕 musique classique	뮈직 끌라씩
오케스트라	🅜 orchestre	오흐께스트흐
마당놀이	Madangnori	마당노리
국악공연	🅕 Performance musicale traditionnelle coréenne	뻬흐포흐멍쓰 뮈지깔 트하디씨오넬 꼬헤앤

관련단어   239쪽

| 관객, 청중 | spectateur (trice) | 스뻭따뙈흐(트히쓰) |

Unit 03 나라 이름 — 240쪽

한국어	프랑스어	발음
아시아	**f** Asie	아지
대한민국	**f** Corée du Sud	꼬헤 뒤쉬드
중국	**f** Chine	쉰
일본	**m** Japon	쟈뽕
대만	**m** Taiwan	따이완
필리핀	**pl** Philippines	필리삔
인도네시아	**f** Indonésie	앵도네지
인도	**f** Inde	앵드
파키스탄	**m** Pakistan	빠끼스떵
우즈베키스탄	**m** Ouzbékistan	우즈베끼스떵
카자흐스탄	**m** Kazakhstan	까자크스떵
러시아	**f** Russie	휘씨
몽골	**f** Mongolie	몽골리
태국	**f** Thaïlande	따이렁드

유럽 — Europe — 241쪽

스페인	**f** Espagne	에스빠뉴
프랑스	**f** France	프헝쓰
포르투갈	**m** Portugal	뽀흐뛰갈
아이슬란드	**f** Islande	이스렁드
스웨덴	**f** Suède	쉬에드
노르웨이	**f** Norvège	노흐베쥬
핀란드	**f** Finlande	팽렁드
아일랜드	**f** Irlande	이흐렁드
영국	**f** Angleterre	엉글르때흐
독일	**f** Allemagne	알르마뉴
라트비아	**f** Lettonie	레또니
벨라루스	**f** Biélorussie	비엘로휘씨
우크라이나	**f** Ukraine	위크핸
루마니아	**f** Roumanie	후마니
이탈리아	**f** Italie	이딸리
그리스	**f** Grèce	그해쓰

북아메리카 — Amérique du Nord — 242쪽

미국	**pl** États-Unis	에따쥐니
캐나다	**m** Canada	까나다
그린란드	**m** Groenland	그회렁드

남아메리카 — Amérique du Sud — 242쪽

멕시코	**m** Mexique	멕씩
쿠바	**m** Cuba	뀌바
과테말라	**m** Guatemala	구아뜨말라
베네수엘라	**m** Venezuela	베네쥐엘라
에콰도르	**m** Equateur	에꽈뙈흐
페루	**m** Pérou	뻬후
브라질	**m** Brésil	브헤질
볼리비아	**f** Bolivie	볼리비
파라과이	**m** Paraguay	빠하구애
칠레	**m** Chili	쉴리
아르헨티나	**f** Argentine	아흐졍띤
우루과이	**m** Uruguay	위휘루애

중동 — Moyen Orient — 243쪽

터키	**f** Turquie	뛰흐끼
시리아	**f** Syrie	씨히
이라크	**m** Irak	이학
요르단	**f** Jordanie	죠흐다니
이스라엘	**m** Israël	이스하엘
레바논	**m** Liban	리벙
오만	**m** Oman	오만
아프가니스탄	**m** Afghanistan	아프가니스떵
사우디아라비아	**f** Arabie Saoudite	아하비 싸우딧뜨

아프리카 — Afrique — 244쪽

모로코	**m** Maroc	마혹
알제리	**f** Algérie	알줴히

리비아	🇫 Libye	리비
수단	🇲 Soudan	쑤덩
나이지리아	🇲 Nigeria	니줴히아
에티오피아	🇫 Ethiopie	에띠오삐
케냐	🇫 Kenya	께냐

오세아니아	🇫 Océanie	**244쪽**
오스트레일리아	🇫 Australie	오스트할리
뉴질랜드	🇫 Nouvelle-Zélande	누벨젤렁드
피지	🇲 Fidji	피쥐

관련단어		**246쪽**
국가	🇲 pays	빼이
인구	🇫 population	뽀쀨라씨옹
수도	🇫 capitale	까삐딸
도시	🇫 ville	빌
시민	citoyen(ne)	씨뚜아앵(앤)
분단국가	🇲 pays divisé	빼이 디비제
통일	🇫 réunification	헤위니피까씨옹
민주주의	🇫 démocratie	데모크하씨
사회주의	🇲 socialisme	쏘시알리슴
공산주의	🇲 communisme	꼬뮈니슴
선진국	🇲 pays développés	빼이 데블로뻬
개발도상국	🇲 pays en développement	빼이 엉데블롭쁘멍
후진국	🇲 pays sous-développés	빼이 쑤데블로뻬
전쟁	🇫 guerre	개흐
분쟁	🇲 conflit	꽁플리
평화	🇫 paix	빼
고향	🇫 ville d'origine	빌도히진
이민	🇫 immigration	이미그하씨옹

태평양	🇲 Pacifique	빠씨픽
대서양	🇲 océan Atlantique	오쎄엉 아뜰렁띡
인도양	🇲 océan Indien	오쎄엉 앵디앵
3대양	🇲 trois océans	트후아조쎄엉
7대주	🇲 sept continents	셋뜨 꽁띠넝

Unit 04 세계 도시		**248쪽**
로스앤젤레스	Los Angeles	로스엉젤레쓰
뉴욕	New-York	뉴욕
워싱턴DC	Washington, DC	워씽턴 디씨
샌프란시스코	San Francisco	썽프헝씨스꼬
파리	Paris	빠히
런던	Londres	롱드흐
베를린	Berlin	베흐랭
로마	Rome	홈
서울	Séoul	쎄울
북경	Pékin	뻬깽
도쿄	Tokyo	또꾜
상해	Shanghai	성가이
시드니	Sydney	씨드내

Part 3 비즈니스 단어

Chapter 01 경제 252쪽

값이 비싼	cher	쉐흐
값이 싼	pas cher	빠쉐흐
경기불황	🇫 crise économique	크히즈 에꼬노믹
경기호황	🇲 essor économique	에쏘흐 에꼬노믹
수요	🇫 demande	드멍드
공급	🇫 offre	오프흐

고객	client(e)	끌리엉(뜨)
낭비	m gaspillage	갸스삐야쥬
도산, 파산	f faillite	파이잇뜨
불경기	f récession (de l'économie)	헤쎄씨옹(들레꼬노미)
물가상승	f inflation	앵플라씨옹
물가하락	f déflation	데플라씨옹
돈을 벌다	gagner de l'argent	갸녜 들라흐졍
무역수지 적자	m déficit commercial	데피씨뜨 꼬메흐씨알
무역수지 흑자	m excédent commercial	엑쎄덩 꼬메흐씨알
상업광고	f publicité commerciale	쀠블리씨떼 꼬메흐씨알
간접광고 (PPL)	f publicité indirecte / m placement de produit (PPL)	쀠블리씨떼 앵디헥뜨/ 쁠라쓰멍 드프호뒤
제조/생산	f fabrication / production	파브히까씨옹/프호뒥씨옹
수입	f importation	앵뽀흐따씨옹
수출	f exportation	엑쓰뽀흐따씨옹
중계무역	m commerce de transit	꼬메흐쓰 드 트헝짓
수수료	f commission	꼬미씨옹
이익	m bénéfice	베네피쓰
전자상거래	m commerce électronique	꼬메흐쓰 엘렉트호닉
투자하다	investir	앵베스띠흐

관련단어 254쪽

독점권	m droit exclusif	드후아 엑쓰끌뤼집
총판권	m droit exclusif de distribution	드후아 엑쓰플뤼집 드 디스트히뷔씨옹
상표권	m droit de marque	드후아 드 마흐끄
상표권침해	f contrefaçon de marque	꽁트흐파쏭 드 마흐끄
특허권	m brevet	브흐베
증명서	m certificat	쎄흐띠피까
해외법인	f société d'outre-mer	쏘씨에떼 두트흐메흐
자회사	f filiale	필리알
사업자등록증	f immatriculation (d')entreprise	이마트히뀔라씨옹 엉(덩)트흐프히즈
오프라인	hors ligne	오흐 리뉴
온라인	en ligne	엉리뉴
레드오션전략	f stratégie océan rouge	스트하떼쥐 오쎄엉 후쥬
블루오션전략	f stratégie océan bleu	스트하떼쥐 오쎄엉 블뢰
퍼플오션전략	f stratégie océan violet	스트하떼쥐 오쎄엉 비올레
가격 인상	f hausse des prix	오쓰 데프히
포화상태	f saturation	싸뛰하씨옹
계약	m contrat	꽁트하
합작	f collaboration	꼴라보하씨옹
할인	m rabais	하배
성공	m succès	쉭쎄
실패	m échec	에쉑
벼락부자	m parvenu	빠흐브뉘

Chapter 02 회사

Unit 01 직급, 지위 256쪽

회장	m PDG(Président directeur général)	뻬데줴(프헤지덩 디헥뙈흐 줴네할)
사장	m président	프헤지덩
부사장	m vice-président	비쓰-프헤지덩
부장	m directeur général	디헥뙈흐 줴네할

한국어	프랑스어	발음
차장	m directeur général adjoint	디헥떼흐 줴네할 앗쥬앙
과장	m directeur	디헥떼흐
대리	m directeur adjoint	디헥떼흐 앗쥬앙
주임	m chef de bureau	쉐프 드 뷔호
사원	m personnel, employé	뻬흐쏘넬, 엉쁠루아예
상사	m supérieur	쉬뻬히외흐
동료	m collègue	꼴레그
부하	m subalterne	쉽알떼흔
신입사원	nouvel(le) employé(e)	누벨 옹쁠루아예
계약직	CDD(Contrat à durée déterminée)	쎄데데(꽁트하 아뒤헤 데떼흐미네)
정규직	CDI(Contrat à durée indéterminée)	쎄데이(꽁트하 아뒤헤 앵데떼흐미네)

관련단어 257쪽

한국어	프랑스어	발음
임원	m cadre	꺄드흐
고문	m conseiller	꽁쎄이에
전무	m directeur général senior	디헥떼흐 줴네할 쎄뇨흐
상무	m directeur général	디헥떼흐 줴네할
대표	m représentant	흐프헤정떵

Unit 02 부서 258쪽

한국어	프랑스어	발음
구매부	m service des achats	쎄흐비쓰 데 자샤
기획부	m service de planification	쎄흐비쓰 드 쁠라니피까씨옹
총무부	m département des affaires générales	데빠흐뜨멍 데자페흐 줴네할
연구개발부	m département de recherche et de développement	데빠흐뜨멍 드 흐쉐흐슈 에 드 데블로쁘멍
관리부	m département exécutif	데빠흐뜨멍 에그제뀌띱
회계부	m département de comptabilité	데빠흐뜨멍 드 꽁따빌리떼
영업부	m service commercial	쎄흐비쓰 꼬메흐씨알
인사부	m service du personnel	쎄흐비쓰 뒤 뻬흐쏘넬
홍보부	m service des relations publiques	쎄흐비쓰 데 흘라씨옹 쀠블릭
경영전략부	m département de gestion et de stratégie	데빠흐뜨멍 드 줴스띠옹 에 드 스트하떼쥐
해외영업부	m département d'outre-mer	데빠흐뜨멍 두트흐메흐

Unit 03 근무시설 및 사무용품 260쪽

한국어	프랑스어	발음
컴퓨터	m ordinateur	오흐디나뙤흐
키보드	m clavier	끌라비에
모니터	m moniteur	모니뙤흐
마우스	f souris	쑤히
태블릿	f tablette	따블렛뜨
노트북	m ordinateur portable	오흐디나뙤흐 뽀흐따블
책상	m bureau	뷔호
서랍	m tiroir	띠후아흐
팩스	m fax	팍쓰
복사기	m photocopieur	포또꼬삐왜흐

전화기	m téléphone	뗄레폰
A4용지	m papier A4	빠삐에 아꺄트흐
스캐너	m scanner	스꺄너
계산기	f calculatrice	꺌뀔라트히쓰
공유기	m routeur	후때흐
일정표	m calendrier	꺌렁드히에
테이블	f table	따블
핸드폰	m téléphone portable	뗄레폰 뽀흐따블
스마트폰	m smartphone	스마흐뜨폰

관련단어 262쪽

재부팅	m redémarrage	흐데마하쥬
아이콘	f icône	이꼰
커서	m curseur	뀌흐쐐흐
클릭	m clic	끌릭끄
더블클릭	m double clic	두블 끌릭끄
홈페이지	f page d'accueil	빠쥬 다꽤이으
메일주소	m e-mail/courriel	이메일/꾸히앨
첨부파일	f pièce jointe	삐에쓰 쥬앵뜨
받은편지함	f boîte de réception	부앗뜨 드헤쎕씨옹
보낼편지함	f boîte d'envoi	부앗뜨 덩부아
스팸메일	m spam	스뺌
댓글	m commentaire	꼬멍때흐
방화벽	m pare-feu	빠흐푀

Unit 04 근로 263쪽

고용하다	embaucher	엉보쉐
고용주	employeur	엉쁠루아이왜흐
임금/급료	m salaire	쌀래흐
수수료	f commission	꼬미씨옹
해고하다	renvoyer	헝부아예
인센티브	f motivation	모띠바씨옹
승진	f promotion	프호모씨옹
출장	m voyage d'affaires	부아야쥬 다패흐
회의	f réunion	헤위니옹
휴가	m congé	꽁줴
출근하다	aller au travail	알레 오트하바이으
퇴근하다	quitter le bureau	끼떼 르뷔호
조퇴하다	rentrer avant l'heure	헝트헤 아벙 래흐
지각하다	arriver en retard	아히베 엉흐따흐
잔업	f heures supplémentaires	왜흐 쉬쁠레멍때흐
연봉	m salaire annuel	쌀래흐 아뉘엘
이력서	m CV(curriculum vitae)	쎄베(뀌히뀔롬 비때)
가불	f avance de salaire	아벙쓰 드쌀래흐
은퇴	f retraite	흐트해뜨
회식	m pot entre collègues	뽀 엉트흐 꼴레그

관련단어 265쪽

연금	f pension	뻥씨옹
보너스	f prime	프힘
월급날	m jour de paie(paye)	쥬흐 드빼(이)
아르바이트	m travail à temps partiel	트하바이으 아떵 빠흐씨엘
급여 인상	f augmentation de salaire	오그멍따씨옹 드쌀래흐

Chapter 03 증권, 보험   266쪽

한국어	프랑스어	발음
증권거래소	**f** bourse	부흐쓰
증권중개인	**m** courtier	꾸흐띠에
주주	**m** actionnaire	악씨오내흐
주식, 증권	**f** action	악씨옹
배당금	**m** dividende	디비덩드
선물거래	**m** marché à terme	마흐쉐 아떼흠
주가지수	**m** indice boursier	앵디쓰 부흐씨에
장기채권	**f** obligation à long terme	오블리갸씨옹 아롱떼흠
보험계약자	**m** titulaire de la police d'assurance	띠뛸래흐 들라 뽈리쓰 다쉬헝쓰
보험회사	**f** compagnie d'assurance	꽁빠니 다쉬헝쓰
보험설계사	**m** courtier en assurance	꾸흐띠에 언나쉬헝쓰
보험에 들다	s'assurer	싸쒸헤
보험증서	**f** police d'assurance	뽈리쓰 다쉬헝쓰
보험약관	**f** clauses d'assurance	끌로즈 다쉬헝쓰
보험료	**f** cotisation	꼬띠자씨옹
보험금 청구	**f** réclamation d'indemnité	헤끌라마씨옹 댕뎀니떼
피보험자	**m** assuré	아쒸헤

관련단어   268쪽

한국어	프랑스어	발음
일반양도증서	**m** acte de cession de titres	악뜨 드 쎄씨옹 드 띠트흐
파생상품	**f** action dérivée	악씨옹 데히베
보험해약	**f** résiliation d'un contrat d'assurance	헤질리아씨옹 댕꽁트하 다쉬헝쓰
보험금	**f** indemnité	앵뎀니떼
투자자	**m** investisseur	앵베스띠쐐흐
투자신탁	**f** société d'investissement	쏘씨에떼 댕베스띠쓰멍
자산유동화	**f** titrisation des actifs	띠트히자씨옹 데작띱
유상증자	**f** émission d'actions payantes	에미씨옹 닥씨옹 빼이영뜨
무상증자	**f** émission d'actions gratuites	에미씨옹 닥씨옹 그하뛰뜨
주식액면가	**f** valeur nominale	발래흐 노미날
기관투자가	**m** investisseur institutionnel	앵베스띠쐐흐 앵스띠뛰씨오넬

Chapter 04 무역   270쪽

한국어	프랑스어	발음
물물교환	**m** troc	트호끄
구매자, 바이어	acheteur	아슈때흐
클레임	**f** réclamation	헤끌라마씨옹
덤핑	**m** dumping	덤삥
수출	**f** exportation	엑쓰보흐따씨옹
수입	**f** importation	앵보흐따씨옹
선적	**f** expédition	엑쓰뻬디씨옹
무역 보복	**f** mesure de rétorsion	므쥐흐 드 헤또흐씨옹
주문서	**m** bon de commande	봉드꼬멍드
신용장(LC)	**f** lettre de crédit	레트흐 드크헤디
관세	**m** droit de douane	드후아 드두안
부가가치세	TVA(taxe sur la valeur ajoutée)	떼베아(딱쓰쉬흐라발래흐 아쥬떼)
세관	**f** douane	두안
관세사	**m** courtier en douane	꾸흐띠에 엉두안
보세 구역	**f** zone franche	존 프헝슈

326

관련단어		272쪽
박리다매	f vente à petit profit et en grande quantité	벙뜨 아쁘띠프 호피 에 엉그 헝드 껑띠떼
컨테이너	m conteneur	꽁뜨내흐
무역회사	f société commerciale	쏘씨에떼 꼬메흐씨알
응찰	f offre	오프흐
포장명세서	f liste d'emballage	리스뜨 덩발라쥬
송장	f facture	팍뛰흐

Chapter 05 은행　　274쪽

신용장	f lettre de crédit	레트흐 드크헤디
주택담보대출	m prêt immobilier hypothécaire	프헤이모빌리에 이뽀떼깨흐
이자	m intérêt	앵떼헤
대출	m prêt	프헤
입금하다	verser	베흐쎄
출금하다	retirer	흐띠헤
통장	m livret	리브헤
송금하다	faire un virment	패흐 앵비흐멍
현금인출기	m guichet automatique	기쉐 오또마띡
수표	m chèque	쉑끄
온라인 송금	m virement en ligne	비흐멍 엉리뉴
외화 송금	m virement de monnaie étrangère	비흐멍 드모네 에트헝줴흐
환전	m change	셩쥬
신용등급	f cote de crédit	꼿뜨 드크헤디

관련단어		276쪽
매매기준율	m taux de change de base	또드셩쥬 드 바즈
송금환율	m taux de change de paiement	또드셩쥬 드 빼멍
현찰매도율	m cours vendeur au comptant	꾸흐 벙돼흐 오꽁떵
현찰매입률	m cours acheteur au comptant	꾸흐 아슈땨흐 오꽁떵
신용카드	f carte de crédit	까흐뜨 드크 헤디
상환	m remboursement	헝부흐쓰멍
연체된	en retard	엉흐따흐
고금리	m intérêt élevé	앵떼헤 엘르베
저금리	m faible intérêt	패블 앵떼헤
담보	m gage	갸쥬
주택저당증권	f créances hypothécaires	크헤엉쓰 이뽀떼깨흐
계좌	m compte	꽁뜨
적금	f épargnes	에빠흐뉴

무조건 따라하면 통하는
바로바로 영어 독학 첫걸음
이민정 엮음 | 148*210mm | 420쪽 | 15,000원(mp3 무료 제공)